Bibliografische Information der Deutschen Nationalbibliothek:

Die Deutsche Bibliothek verzeichnet diese Publikation in der Deutschen National-bibliografie; detaillierte bibliografische Daten sind im Internet über http://dnb.d-nb.de/ abrufbar.

Impressum:

Copyright © 2018 GRIN Verlag
Druck und Bindung: Books on Demand GmbH, Norderstedt Germany
ISBN: 9783668858015

Dieses Buch bei GRIN:

https://www.grin.com/document/451969

Lennart Völler

Archetypen von Konsensalgorithmen in Blockchain

GRIN Verlag

GRIN - Your knowledge has value

Der GRIN Verlag publiziert seit 1998 wissenschaftliche Arbeiten von Studenten, Hochschullehrern und anderen Akademikern als eBook und gedrucktes Buch. Die Verlagswebsite www.grin.com ist die ideale Plattform zur Veröffentlichung von Hausarbeiten, Abschlussarbeiten, wissenschaftlichen Aufsätzen, Dissertationen und Fachbüchern.

Besuchen Sie uns im Internet:

http://www.grin.com/

http://www.facebook.com/grincom

http://www.twitter.com/grin_com

Archetypen von

Konsensalgorithmen in Blockchains

Archetypes of consensus algorithms in Blockchain

Projektarbeit

Im Virtuellen Weiterbildungsstudiengang Wirtschaftsinformatik

---

Verfasser: **Lennart Völler**

4. Fachsemester

Abgabe: 07.11.2018
Wintersemester 2018 / 2019

Abbildungsverzeichnis

Abkürzungsverzeichnis/Glossar

Abkürzung	Bedeutung
ASIC	Application-specific integrated circuit
BFT	Byzantine fault tolerance
BTC	Bitcoin
DPoS	Delegated Proof of Stake
ETH	Ethereum
LPoS	Leased Proof of Stake
LTC	Litecoin
PoA	Proof of Authority
PoBa	Proof of Bandwidth
PoBu	Proof of Burn
PoC	Proof of Capacity
PoET	Proof of Elapsed Time
PoR	Proof of Retrievability
PoS	Proof of Stake
PoS	Proof of Storage
PoV	Proof of Velocity
PoW	Proof of Work
RPCA	Ripple Protocol Consensus Algorithm
TX	Transaction

Formelverzeichnis

1. Einleitung

Als Satoshi Nakamoto 2008 das Bitcoin Whitepaper veröffentlichte, interessierte das zunächst niemanden. Es dauerte einige Zeit, bis sich zumindest eine kleine Gruppe von Menschen fand, die die Reichweite seiner Erfindung erahnen konnten. Diese Gruppe tauschte sich zunächst auf dem von Nakamoto gegründeten Bitcointalk Forum aus. In den folgenden Jahren nahmen das Thema dann auch Medien, die einer breiteren Öffentlichkeit zugänglich sind, auf – nicht unwesentlich mit der Wertsteigerung von Bitcoin korreliert – und befassten sich mit dem neuen Phänomen: „Blockchain". Auch nach zehn Jahren kann das Thema Blockchain noch als neu bezeichnet werden. Bitcoin als Urvater der Blockchain und von vielen synonym für die Technologie herangezogenes Beispiel hat es längst in die Massenmedien geschafft und den ein oder anderen Hype in der Finanztechnologie ausgelöst. Dennoch scheint ein tiefergehendes Verständnis der Technologie hinter Bitcoin und Blockchain nach wie vor der kleinen Gruppe an Enthusiasten vorbehalten zu bleiben, die auch schon vor zehn Jahren das Potenzial der Technologie erkannte. Wenn in nicht-technischen Kreisen davon gesprochen wird, man habe Bitcoin und Blockchain verstanden, dann ist dieses Verständnis oft auf einem ähnlich oberflächlichen Niveau wie das Verständnis von Kernspaltung zur Energiegewinnung; man weiß, wie es schematisch funktioniert, ist jedoch trozdem noch kein Atomphysiker.

Nun wird kaum jemand behaupten, der Aufbau der Blockchain reiche in seiner Komplexität an einen Atomreaktor heran. Warum stoppt der Prozess des Verstehens dennoch so oft an der Oberfläche des Themas oder bleibt bei Bitcoin stehen, wo es doch mittlerweile über 2000 sogenannte Altcoins gibt (Coinmarketcap 2018)? Die Blockchain Technologie hat sich in den vergangenen Jahren – ebenfalls nicht unwesentlich mit der Wertsteigerung von Bitcoin korreliert – rasant weiterentwickelt, was zu einer wuchernden Diversifizierung von Anwendungsgebieten, Implementierungen, Protokollen und Algorithmen geführt hat. Den Überblick angesichts der vielen möglichen Anwendungsgebiete dieser Technologie zu behalten oder als Neuling auf dem Gebiet Fuß zu fassen, erscheint zunehmend schwierig. Dies liegt nach Sicht des Autors daran, dass bisher alles, was mit Blockchain zutun hat, unter ebendiesem Begriff subsummiert wird. Weder wird zwischen verschiedenen Anwendungsbereichen noch zwischen verschiedenen, fundamental unterschiedlich verwendeten Algorithmen unterschieden. Niemand käme auf die Idee, bei dem Begriff „Kraftfahrzeug" Straßenfahrzeuge und Landfahrzeuge in eine Kategorie einzuteilen. Auf dem Blockchain

Feld passiert genau das. Diese Arbeit löst das Problem in einem Teilbereich der Blockchain Technologie: den Konsensalgorithmen.

Diese Arbeit entwickelt vier Archetypen von Konsensalgorithmen, die wesentliche Charakteristiken zusammenfassen und so die Orientierung zwischen den mittlerweile über zwei dutzend Konsensalgorithmen in Blockchains erleichtern.

Was sind Konsensalgorithmen?

Konsensalgorithmen sind nicht neu. Sie werden seit Jahrzehnten in verteilten Systemen eingesetzt, um sicherzustellen, dass alle Systemteile stets über eine aktuelle bzw. korrekte Kopie der Daten verfügen. Sie schließen somit Speicherkonflikte aus und legen fest, welcher Zustand der Daten im ganzen System als wahr anerkannt wird (vgl. Metzger 2018). Konsensalgorithmen sind die Kernkernkomponente von Blockchains, da sie in verschiedensten Konstellationen von sich vertrauenden oder nicht vertrauenden Parteien, unter Verwendung verschiedenster Mechanismen, dafür sorgen können, dass stets Einigkeit darüber besteht, was der aktuelle Zustand des Netzwerkes ist. Dieser Zustand kann – in Kryptowährungen – die Information darüber sein, wer zu welchem Zeitpunkt über welche Gelder verfügen darf oder – in verteilten Datenbanken – die Information darüber, wer zu welchem Zeitpunkt welche Zugriffsrechte hat oder hatte. Konsensalgorithmen sind die Kernkomponente der Blockchain (vgl. Bano et al. 2017, p. 1).

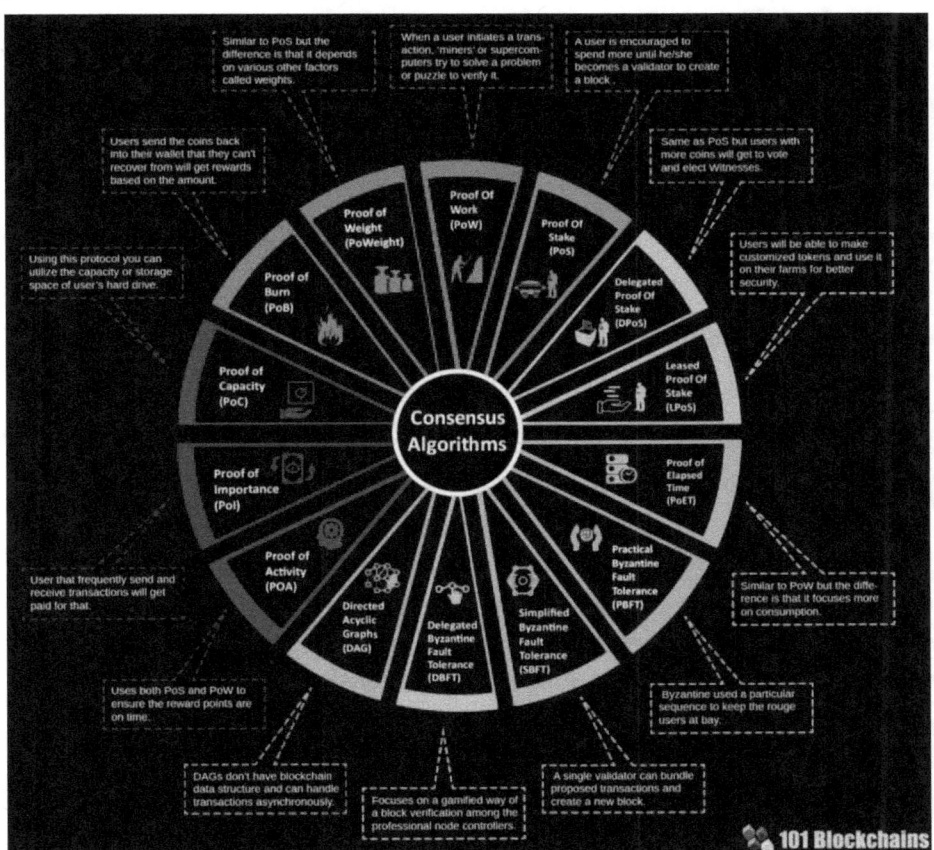

Abb. 1: Typen von Konsensalgorithmen in Blockchains (Anwar 2018)

Abbildung 1 zeigt nur einen kleinen Ausschnitt der seit 2008 entstanden Landschaft von Konsensalgorithmen. Im Zuge dieser Arbeit konnten 26 verschiedene Konsensalgorithmen identifiziert werden (weitere Beispiele in Kapitel 3.1.4), von denen, aufgrund der prekären Datenlage mangels Literatur, lediglich neun untersucht werden konnten. Da der Fokus dieser Arbeit auf einem Teilbereich der Blockchain Technologie liegt, wird ein grundlegendes Verständnis der Funktionsweise von vorausgesetzt.

In Kapitel 2 wird detailliert auf den Methodenmix eingegangen, der zur Entwicklung der Archetypen, die das Ergebnis dieser Arbeit darstellen, genutzt wurde. In Kapitel 3 wird die Analyse mit den Methoden aus Kapitel 2 durchgeführt. Um dieses Kapitel nicht ausufern zu lassen, wurden besonders bei der qualitativen Inhaltsanalyse und bei der Quantifizierung große Teile der Analyseergebnisse in den Anhang ausgelagert. Kapitel 4 fasst das Ergebnis der Arbeit zusammen und wirft einen kritischen Blick auf die verwendeten Methoden und erzielten Ergebnisse. Das Fazit wird darüber hinaus Bereiche aufdecken, in denen weiterer Forschungsbedarf besteht.

2. Methoden

Wirtschaftsinformatik ist eine interdisziplinäre Wissenschaft. Meistens wird diese Interdisziplinarität mit der Kombination aus Elementen der Betriebswirtschaft, Informatik, Ingenieurswissenschaften und der Verhaltenswissenschaften gleichgesetzt (Mertens 2018). Im Folgenden werden es jedoch die Sozialwissenschaften sein, die das nötige Werkzeug bereitstellen, mit dem die Rohdaten der Analyse verarbeitet werden. Dies hängt damit zusammen, dass es sich bei der Interpretation der wissenschaftlichen Arbeiten, die die Grundlage dieser Studie bilden, im Wesentlichen um eine Textanalyse handelt, deren Durchführung nur unwesentlich vom jeweiligen Thema beeinflusst wird. Am Ende werden wissenschaftliche Arbeiten von Menschen geschrieben und wiederum von Menschen interpretiert, entsprechend müssen sie auch behandelt werden.

In dieser Arbeit kommt ein Methodenmix aus drei Methoden, zum Einsatz:
- Qualitative Inhaltsanalyse nach Mayring
- Quantifizierung ordinal und nominal skalierter Daten
- Partitionierendes Clusterverfahren mittels K-Means Algorithmus

Um herauszufinden, welche Eigenschaften Konsensalgorithmen aufweisen bzw. welche Eigenschaften im vorliegenden Zusammenhang relevant sind, liegt die Analyse der entsprechenden Algorithmen intuitiv nahe. Doch wie analysiert man einen Algorithmus, der per Definition nur eine Abfolge von Instruktionen ist? Neben der Frage des „wie" ergibt sich zugleich die Frage des „was"; Welcher Aspekt eines Algorithmus ist von Interesse und wie soll er richtig analysiert werden? Leider ist kaum trennscharf zu beurteilen, welche Eigenschaften von Konsensalgorithmen dem Algorithmus (dem theoretischen Konstrukt) und der jeweiligen Implementierung (der Interpretation des Konstruktes durch einen Programmierer) zugeordnet werden kann. Aus Sicht des Autors liegt das jedoch weniger an der Vielfältigkeit der verschiedenen Kryptowährungen, sondern daran, dass die Eigenschaften, die der Implementierung einer bestimmten Kryptowährung anhaften, nur schwerlich von den Eigenschaften getrennt werden können, die auf dem genutzten Konsensalgorithmus beruhen. Das sich Autoren mit der Frage der Zurechnung von Eigenschaften zu verschiedenen Ebenen von Blockchain Projekten schwer tun, zeigt sich an folgendem Beispiel, in dem die Autoren die Funktion „Coin Age" mit dem Proof of Stake (PoS) Konsensalgorithmus gleichsetzen: „In PoS, the digital currency has the concept of coin age." (Mingxiao et al. 2017, p. 2568). Tschorsch and Scheuermann 2016 (p. 2112) gehen noch einen Schritt weiter und setzen „Coin Age" gleich auf eine Stufe mit dem Proof of Work Algorithmus: „It turns out that coin age is a viable alternative to proof of work." was dem sprichwörtlichen Vergleich von Äpfeln und Birnen gleich kommt, denn „Coin Age" trifft lediglich die Entscheidung darüber, welcher Netzwerkteilnehmer mit welcher Wahrscheinlichkeit das Privileg hat, den folgenden Block an die Blockchain anzuhängen und ist damit allenfalls ein optionaler Teil des Konsensalgorithmus. Wie sonst wäre es zu erklären, dass Blackcoin, eine andere Kryptowährung, die den PoS-Algorithmus verwendet, ohne Coin Age auskommt (vgl. Nguyen and Kim 2018, p. 112)? Es handelt sich hierbei also keines Wegs um reine Wortklauberei. Die mangelnde Trennschärfe sowohl verschiedener Abstraktionsebenen von Blockchain-Projekten als auch von dem was Objekt und was Eigenschaft ist, ist Ausdruck eines mangelnden Konsens in der Forschungsgemeinschaft. Angesichts der knappen Dekade, die das Thema existiert, ist dies nicht verwunderlich. Auch hier zeigt sich, wie jung das Forschungsfeld noch ist. Glücklicherweise wurde dieses Problem von anderen Autoren ebenfalls identifiziert, was zu ersten Bestrebungen zur Unterteilung von Abstraktionsebenen von Blockchains geführt hat. (Vgl. Dinh et al. 2017) (Vgl. Croman et al. 2016, pp. 115–120) (Vgl. Mattila 2016, p. 6) Da Dinh et al. mit BLOCKBENCH ein Analyseframework geschaffen haben, dass sich unter anderem explizit mit der Analyse der Performance von Konsensalgorithmen befasst, soll die folgende Analyse an ihre Unterteilung von Blockchains anknüpfen.

Contracts	Application
Compilers, VM, Dochers, etc.	Execution Engine
Blocks, Transactions, Indexing, etc.	Data Model
PoW, PoS, PBFT, etc.	Consensus

Abb. 2: Abstraktionsebenen von Blockchains (Eigene Darstellung nach Dinh et al. 2017 p. 4)

Wie in Abbildung 2 deutlich wird, handelt es sich bei der vorliegenden Arbeit um eine low-Level Analyse, die die grundlegendsten und generischsten Teile von Blockchains untersucht. Zu klären bleibt, wie die mangelnde Trennschärfe zwischen Objekten (Blockchain Implementationen bzw. Kryptowährungen) und ihren Eigenschaften behoben werden kann. Im Folgenden wird davon ausgegangen, dass falsche Zuordnungen, wie sie weiter oben beschrieben wurden, auf einem Missverständnis bzw. Sorglosigkeit der jeweiligen Autoren beruhen und sich durch eine Verbreiterung der Datenbasis beheben lassen, da mutmaßlich die Mehrzahl der Autoren (gerade in qualitativ hochwertiger Literatur) korrekte Zuordnungen und Bewertungen treffen werden.

Das Mittel, mit dem der Analysegegenstand dieser Studie (Konsensalgorithmen) untersucht wird, ist dementsprechend akademische Literatur, die bereits Daten zu der Performance und den Eigenschaften von Konsensalgorithmen erhoben hat. Dies führt unweigerlich zur Frage, auf welcher Datenbasis die Analyse stattfinden soll. Wie Bano et. Al 2017 feststellten, ist das Forschungsgebiet „Blockchain" zu klein, um sich ausschließlich auf Publikationen in renommierten Journalen zu verlassen (vgl. Bano et al. 2017, p. 2). Verschlimmert wird die Quellenlage dadurch, dass der Fokus von etwa 80% der veröffentlichten wissenschaftlichen Arbeiten auf Bitcoin und damit dem in Bitcoin verwendeten Konsensalgorithmus Proof of Work liegt (vgl. Yli-Huumo et al. 2016, p. 1). Für eine Arbeit, die verschiedene Konsensalgorithmen vergleichen möchte, ist diese Ausgangslage denkbar ungünstig. Angesichts dieser Faktoren muss die Literaturauswahl zugunsten einer größeren Datenbasis und mit gesenkten Qualitätsansprüchen erfolgen. Wie die Ansprüche genau aussehen und welchen Regeln die Literaturauswahl folgt, wird in 2.1 näher erläutert. Grundsätzlich gilt jedoch für die Analyse sicherheitsrelevanter Software:

"The problem with bad security is that it looks just like good security. You can't tell the difference by looking at the finished product. Both make the same security claims; both have the same functionality. (. . .) Both might use the same protocols, implement the same standards, and have been endorsed by the same industry groups. Yet one is secure and the other is insecure.

Expert judgment, formal reasoning, experience, public discussion, and open validation are needed for accepting a cryptosystem as secure."
(Cachin and Vukolić 2017, p. 3)

Mit Literatur von entsprechender Qualität ist es also möglich, einen tiefen und fundierten Einblick und Eindruck von der Funktionsweise und den Eigenschaften von Konsensalgorithmen zu erlangen.

Das Material wird mittels qualitativer Inhaltsanalyse strukturiert. Merkmalskategorien und die Ausprägungen der Algorithmen in diesen Kategorien werden durch die qualitative Inhaltsanalyse induktiv an den Materialien (Texten) gebildet und validiert. An die qualitative Inhaltsanalyse schließt sich die Quantifizierung der Merkmalsausprägungen aller betrachteten Konsensalgorithmen an. Die Quantifizierung bereitet die qualitativ (im Text) vorliegenden Merkmale auf den anschließenden Analyseschritt vor. Abschließend werden die nun mit quantitativen Merkmalen mittels eines partitionierenden Clusterverfahrens zu Gruppen/Clustern zusammengefasst, die als Archetypen von Konsensalgorithmen interpretiert werden und somit das Ergebnis dieser Studie darstellen.

2.1 Qualitative Inhaltsanalyse

Die qualitative Inhaltsanalyse geht im Wesentlichen auf Philip Mayring zurück. In den Sozialwissenschaften ist sie zu einer Standardmethode der Textanalyse geworden und wurde von Mayring entworfen, „um den unsäglichen Streit zwischen qualitativer und quantitativer Forschung aufzuheben" (Mayring 2010, 611). In dieser Arbeit können qualitative Forschungsmethoden nicht umgangen werden, da eine wissenschaftliche Methode zur Analyse und Interpretation von Texten benötigt wird.

„Qualitative Inhaltsanalyse stellt eine Auswertungsmethode dar, die Texte bearbeitet, welche im Rahmen sozialwissenschaftlicher Forschungsprojekte in der Datenerhebung anfallen, z.B. [...] Dokumente, [...] Zeitungsartikel [...] und Internetmaterialien." (Mayring and Fenzl 2014, p. 543)

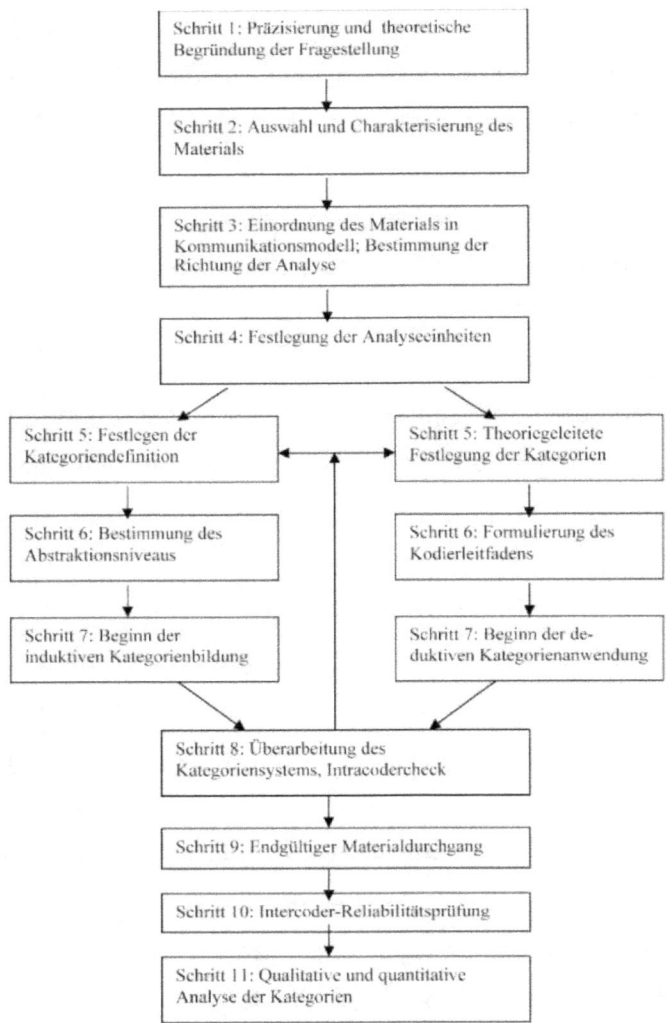

Abb. 3: Ablauf der qualitativen Inhaltsanalyse (Mayring 2010, p. 605)

Bei der Betrachtung von Abbildung 3 sollte man sich stets in Erinnerung rufen, dass es sich bei der qualitativen Inhaltsanalyse im Kern um eine sozialwissenschaftliche Methode handelt. Schritt 1, die theoretisch begründete Fragestellung, trifft auf den vorliegenden Fall nicht zu, da die Herangehensweise datengeleitet statt theoriegeleitet ist. In der Einleitung dieses Kapitels wurde bereits ein Ausblick auf Schritt 2 der qualitativen Inhaltsanalyse gegeben, die Auswahl der zu analysierenden Materialien.

Verwendet werden für die Analyse wissenschaftliche Arbeiten, die seit 2008 veröffentlicht wurden (dem Jahr der Veröffentlichung des Bitcoin Whitepapers) und einem wissenschaftlichen Mindeststandard genügen. Definiert sei dieser Standard wie folgt:

Ein Material ist für die Analyse tauglich, wenn es in einem wissenschaftlichen Journal veröffentlicht, auf einer Konferenz präsentiert oder für die Erstellung von beiden erstgenannten verwendet, also darin zitiert wurde. Weiterhin werden Arbeiten verwendet, die von wissenschaftlichen Institutionen (Universitäten) veröffentlicht wurden bzw. in Kooperation mit solchen Organisationen entstanden.

Diese recht offene Definition ist aus den in der Einleitung des Kapitels genannten Gründen notwendig, um die Menge der zur Verfügung stehenden Daten nicht zu sehr einzuschränken. Welche Journale, Konferenzen und anderen wissenschaftlichen Arbeiten konkret analysiert wurden, wird zu Beginn von Kapitel 3.1 detailliert betrachtet. Analysegegenstand bzw. -einheit sind Texte und Tabellen verschiedener Herkunft, die bis auf die Analyseeinheit „Wort" reduziert werden (Schritt 3, 4 der Inhaltsanalyse). Wichtig ist hierbei zu erwähnen, dass die qualitative Inhaltsanalyse nicht als bloße Stichwortsuche fungiert. Bei der Analyse von Tabellen mag dies zwar zutreffen jedoch nicht in Fließtexten.

„Auch in der Inhaltsanalyse geht es zumeist nicht nur um die Beschreibung manifester Textinhalte, sondern um deren latenten Gehalt, d.h. um die Regeln, welchen die durch den Text repräsentierten (subjektiven) Wirklichkeitskonstruktionen folgen (vgl. Kempf, 2008, S.39ff)." (Kempf 2010, p. 4)

Ein gewisser Interpretationsspielraum ist bei der Analyse von von Menschen geschriebenen Texten durch Menschen schlicht nicht auszuschließen. Sowohl auf der Seite des Schreibenden als auch auf der Seite des Analysierenden können Ungenauigkeiten auftreten, die systemimmanent im Kommunikationsmodell sind und nicht eliminiert werden können. Die Kategorienbildung (Schritt 5-7) erfolgt induktiv am Material (vgl. Mayring 2010, 603). Kategorien sind Eigenschaften von Konsensalgorithmen, die so allgemein sind, dass eine Mindestzahl der betrachteten Algorithmen Merkmalsausprägungen in diesen Kategorien vorweist. Gleichzeitig müssen die Kategorien spezifisch genug sein, damit sie dem Erkenntnisgewinn zuträglich sind. Das Abstraktionsniveau wird daher so niedrig wie möglich und so hoch wie nötig angesetzt.

Beispiel:
Sicher könnte man die Implementierungen von Konsensalgorithmen anhand der Länge ihres Quellcodes vergleichen. Alle Implementierungen weisen diese Eigenschaft vor, jedoch ist sie derart allgemein und beliebig, dass fraglich ist, ob sie zum Erkenntnisgewinn beiträgt. Die Kategorie ist demnach nicht für die Analyse geeignet.

Im Folgenden werden Kategorien in die Analyse aufgenommen, wenn sie in mindestens 30% des Materials vorkommen.

Ab Schritt 8 geht der Analyseprozess in eine Schleife über, in der die Schritte 5-8 – die Erstellung von Kategorien sowie die Überprüfung, ob die Kategorien geeignet sind – solange wiederholt werden, bis keine Änderungen am Kategorie System mehr erfolgen. Vor einem abschließenden Durchgang durch das Material müssen alle Kategorien festgelegt sein und dürfen während des Durchgangs nicht mehr verändert werden, um die Intracodevalidität nicht zu gefährden (vgl. Mayring 2010, 603). Sobald während des Materialdurchgangs eine Änderung am Kategoriensystem vorgenommen wird, muss der Materialdurchgang wiederholt werden, da nicht sichergestellt werden kann, dass bereits zugeordnete Datenelemente im angepassten Kategoriesystem erneut derselben Kategorie zugeordnet würden. Die Aufgabe der ersten Materialdurchläufe ist somit die Erstellung eines robusten, validen und zweckdienlichen Kategoriesystems, während die Aufgabe des letzten Materialdurchlaufs die endgültige Bestimmung der Merkmalsausprägungen in den Kategorien darstellt. Schritt 10 des in Abb. 2 dargestellten Prozesses wird nicht durchgeführt, da dieser Schritt die erneute Materialanalyse durch einen zweiten Kodierer (eine zweite Person) erfordert, der durch erneute Kategoriezuordnung validiert, dass die wissenschaftliche Arbeit des ersten Kodierer reproduzierbar ist, da dieser nicht zur Verfügung steht (vgl. Mayring 2010, 603-604). Die qualitative Inhaltsanalyse liefert somit induktiv gebildete und deduktiv validierte Kategorien anhand derer Konsensalgorithmen verglichen werden können. Darüber hinaus liegen nach Abschluss dieses Analyseschrittes die Merkmalsausprägungen der Konsensalgorithmen in den gebildeten Kategorien in qualitativer Form vor. Im nächsten Analyseschritt (angedeutet durch Schritt 11 in Abbildung 3) erfolgt die Quantifizierung der Merkmalsausprägungen.

2.2 Quantifizierung

Nach Abschluss der qualitativen Inhaltsanalyse liegt ein Kategoriesystem vor, bei dem für jede Kategorie qualitativ erfasste Merkmalsausprägungen der untersuchten Konsensalgorithmen vorliegen. Um mit diesen Merkmalsausprägungen „rechnen" zu können, müssen sie quantifiziert werden (vgl. Vogl 2017, pp. 291–292).

> In der Praxis begnügt man sich nur allzu oft mit ad hoc-Quantifizierungen, die man zu Scores verrechnet, und dann so tut, als ob man damit bereits metrische Daten vorliegen hätte. (Kempf 2010, p. 1)

Durch eine methodisch korrekte Quantifizierung der Daten soll der von Kempf charakterisierte Fehler vermieden werden. Ziel dieses Analyseschritts ist die Übersetzung der qualitativen Merkmalsausprägungen in numerische Variablen. Damit stellt die Quantifizierung einen Zwischenschritt dar, der zur Vorverarbeitung der Daten für die abschließende Clusteranalyse dient.

In der angewendeten qualitativen Inhaltsanalyse wird nicht nur unterschieden, ob ein Merkmal ausgeprägt ist, sondern auch wie stark die Ausprägung ist. Dies führt zu einer ordinal skalierten, relativen Rangfolge der untersuchen Konsensalgorithmen in jeder aufgestellten Kategorie. Bei n untersuchten Algorithmen können maximal n verschiedene Merkmalsausprägungen einer Kategorie vorliegen, eine für jeden Algorithmus. Entsprechend ihrer Merkmalsausprägungen werden die n Ausprägungen nun ordinal geordnet. Ausprägungen des Merkmals „Sicherheit" könnten beispielsweise „sehr sicher", „sicher", „unsicher" oder „sehr unsicher" sein. In diesem einfachen Beispiel wäre $n = 4$. Die Ausprägungen können nun gemäß der Stärke der Merkmalsausprägung kodiert und sortiert werden:

1 : sehr unsicher

2 : unsicher

3 : sicher

4 : sehr sicher

Wichtig ist hierbei, dass die Unterscheidung der beiden Ausprägungen nur hinsichtlich ihrer Verschiedenheit und ihrer Rangfolge möglich sind. Mathematische Operationen auf diesen Daten sind nicht zulässig. Ebenso ist eine Abstandsmessung auf ordinalen Daten nicht zulässig. (Vgl. Kempf 2010, pp. 2–3) und (Vgl. Kaufman and Rousseeuw 2005, pp. 29–31) Die bloße Zuordnung von Zahlen zu Wörtern reicht jedoch nicht aus. Da n, die Anzahl der unterschiedlichen Merkmalsausprägungen in einer Kategorie, zwischen Kategorien variiert, kommt es bei einer einfachen Zuordnung von Zahlenwerten bei der Clusteranalyse zu Normierungsproblemen. Durch Normierung der Merkmalsausprägungen auf einen Wertebereich zwischen 0 und 1 wird dieses Problem behoben:

$$z_{if} = \frac{r_{if-1}}{M_f - 1}$$

Formel 1: Normierung von Merkmalsausprägungen (vgl. Kaufman and Rousseeuw 2005, pp. 30–31)

Mit r_{if} als dem Rang des i-ten Objektes in der f-ten Variable und M_f als dem höchsten ordinalen Rang der Variable f in ihrer Kategorie. Mit diesem Verfahren werden alle z_{if} auf einen Wert zwischen 0 und 1 normiert (vgl. Kaufman and Rousseeuw 2005, pp. 30–31).

Abschließend sei erwähnt, dass nicht alle Merkmalausprägungen ordinal skaliert sind. Nominal skalierte Merkmalsausprägungen kommen vor und werden entsprechend gekennzeichnet, sie sind von der Normierung nicht betroffen.

2.3 Partitionierende Clusteranalyse mittels K-Means Cluster Algorithmus

Ziel dieser Studie ist die Entwicklung von Archetypen von Konsensalgorithmen. Im abschließenden Analyseschritt werden die zuvor gewonnenen Daten mittels partitionierendem Clusterverfahren analysiert. Die in diesem Verfahren entstehenden Cluster bilden die gesuchten Archetypen und das Ergebnis dieser Studie.

Als Verfahren wird der sogenannte K-Means Algorithmus (auch: Partitioning Around Medoids (Kaufman and Rousseeuw 2005)) nach (Hartigan 1975) und (Hartigan and Wong 1979) verwendet. Der Algorithmus teilt M Punkte, die in N Dimensionen differenziert sind in K Cluster auf und minimiert dabei die quadratischen Abstände der Elemente der Cluster. Die initiale Wahl der Clustercentroide (Clustermittelpunkte) findet zufällig statt, was zwangsläufig dazu führt, dass der Algorithmus Gefahr läuft, in lokalen Optima „stecken zu bleiben". (Vgl. Hartigan and Wong 1979, p. 100)

Da es sich beim K-Means Algorithmus um ein NP-Vollständiges Problem handelt, ist eine vollständige Vermeidung lokaler Optima nicht möglich (vgl. Mahajan et al. 2009, pp. 274–285). Bei kleinen Werten für M und N kann eine Iteration über alle möglichen Clusterkombinationen noch Sinn machen. Wie sich in Kapitel 3.1 und 3.2 herausstellen wird liegt die Menge möglicher Kombinationen mit den im Material verfügbaren Daten bei lediglich 15 Millionen für neun Konsensalgorithmen. Diese Menge an Daten wäre mit einem Brute-Force Ansatz zu bewältigen, auch wenn für verschiedene K schnell eine weitere Größenordnung an Werten hinzukommt. Da die Ausführung des Algorithmus computerunterstützt erfolgen muss, würde dies jedoch eine Implementierung erfordern, die nur für den hier vorliegenden Fall verwendbar ist und bei größeren Datenmengen aufgrund der großen Menge möglicher Kombinationen keine Ergebnisse mehr liefert. Aus diesem Grund wird von einem Brute-Force Ansatz abgesehen, um auch für zukünftige Studien über einen skalierbaren Ansatz zu verfügen, der mit beliebig großen Datenmengen Ergebnisse liefert.

Bei den normierten Daten für die Merkmalsausprägungen der Konsensalgorithmen handelt es sich, wie bereits dargelegt, um ordinal und nominal skalierte Daten. Streng genommen dürfen auf diesen Daten keine Operationen wie die Anwendung eines Distanzmaßes erfolgen, was jedoch für die Clusteranalyse zwingend benötigt wird. Die Kontroverse darüber, ob eine Anwendung von Distanzfunktionen auf ordinale Daten zulässig ist, hält seit Jahrzenten an und hat zahlreiche Befürworter beider Seiten des Arguments. (Vgl. Norman 2010, p. 626) Es hat sich durch die Arbeiten verschiedener Autoren gezeigt, dass die meisten statistischen Verfahren sehr robust gegenüber der Annahme sind, dass ordinale Daten einer Likert-Skala (was die Daten dieser Studie im Wesentlichen sind) Intervalle fester Breite darstellen (vgl. Norman 2010, pp. 628–629). Im Folgenden wird daher die Annahme getroffen, dass es aufgrund der Robustheit der Daten zulässig ist, auf ihnen mathematische Operationen – Distanzfunktionen im Speziellen – durchzuführen.

Annahme: **Daten sind intervallbasiert und weisen gleiche Abstände zwischen den Intervallen auf.**

Auf Basis von Annahme 1 werden die Abstände der Datenpunkte (der Konsensalgorithmen) durch den Gower Koeffizienten ermittelt, der es sowohl erlaubt die Abstände ordinal skalierter, wie auch nominal skalierter Daten mittels einer Formel zu bestimmen:

$$d(x,y) = \frac{1}{n} \sum_{i=1}^{n} d^{(k)}(x,y)$$

Formel 2: Gower Koeffizient (vgl. (Ester and Sander 2000, p. 47))

wobei für nominale Attribute gilt:

$$d^{(k)}(x,y) = \begin{cases} 1, wenn\ x_k \neq y_k \\ 0, wenn\ x_k = y_k \end{cases}$$

Formel 3: Distanzfunktion für nominale Attribute (vgl. ebd.)

und für ordinale Attribute gilt:

$$d^{(k)}(x,y) = |x_k - y_k|$$

Formel 4: Distanzfunktion für ordinale Attribute (vgl. ebd.)

x_k und y_k jeweils Ausprägungen gleicher Kategorien (k) in unterschiedlichen Datenelementen (x und y) sind, deren Distanz (d) bezüglich jedes Merkmals *1 bis n* ermittelt wird. So erhält man die absolute Distanz zweier Datenelemente/Konsensalgorithmen in ihren n Dimensionen (vgl. Kaufman and Rousseeuw 2005, p. 75). Die Distanz kann nur dann gebildet werden, wenn die Kategorien beider zu vergleichender Datenelemente Merkmalsausprägungen aufweisen. Da sich die Zahl der jeweils verglichenen Merkmalsausprägungen unterscheidet, muss die in Formel 2 gebildete Summe, durch die Anzahl der Merkmalsausprägungen, die verglichen wurden, dividiert werden, um Vergleichbarkeit zu gewährleisten. Andernfalls wären die Distanzen (Summen der Unterschiede) zwischen Algorithmen, bei denen mehr Merkmale eine Ausprägung aufweisen unverhältnismäßig größer, als Distanzen von Algorithmen, bei denen nur wenige Merkmale ausgeprägt sind. Weitere Normierungen der Merkmalsausprägungen sind nicht notwendig, da dies bereits im Zuge der Quantifizierung erfolgt ist.

Algorithmus Ablauf:

1. Bestimmung von *K* zufälligen Centroiden
2. Ermittlung der Distanzen aller Datenpunkte zu allen Centroiden
3. Zuweisung der Datenpunkte zum Cluster des Centroiden, der ihnen am nächsten ist
4. Neuermittlung der Centroide als kleinste quadratische Distanz zwischen allen Punkten eines Clusters:

$$min \ d(x_1 \ldots x_n) = \frac{1}{n} \cdot \sum_{i,j\,=\,1}^{n} \sqrt{\left(x_i - x_j\right)^2}$$

Formel 5: Gemittelte quadratische Distanz aller Punkte eines Clusters

5. Wiederholung oder Terminierung:
   Der Algorithmus terminiert, wenn keine Änderung der Clusterzugehörigkeiten mehr auftreten

Es ist offensichtlich, dass die Qualität des Ergebnisses dieses determinierten Algorithmus von den anfänglich gewählten Werten für die *K* Centroide abhängt, weil *K* die einzige variable Komponente der Gleichung ist. Da diese Centroide zufällig bestimmt werden, wird das Verfahren einige tausend Mal wiederholt, um sicherzustellen, dass eine gute bis optimale Clusterzuordnung gefunden wird. Hierfür kommt eine für diesen Zweck entwickelte Software zum Einsatz, deren Quellcode in Appendix E zu finden ist.

3. Analyse

Die Analyse ist dreigeteilt. Im ersten Schritt wird Material gesammelt, das mittels qualitativer Inhaltsanalyse systematisch kategorisiert und ausgewertet wird. Im zweiten Schritt werden die Ergebnisse der qualitativen Inhaltsanalyse quantifiziert, um sie im dritten Schritt mittels Clusteranalyse im Sinne der eigentlichen Fragestellung der Arbeit auszuwerten.

3.1 Qualitative Inhaltsanalyse

3.1.1   Materialauswahl

Man könnte Blockchains als Brückentechnologie beschreiben, die das Potenzial hat, verschiedenste Industriebereiche nachhaltig zu verändern. Üblicherweise werden in diesem Zuge Logistik, Finanzen, Gesundheit und Regierungen genannt. Diese interdisziplinäre Einsetzbarkeit von Blockchains führt dazu, dass die Materialauswahl nicht auf informatische oder wirtschaftsinformatische Quellen beschränkt werden kann. Materialien werden als relevant für die Analyse angesehen, wenn in ihnen mindestens zwei für die Analyse dienliche Kategorien besprochen werden. Appendix A zeigt eine detaillierte Auflistung aller für die Analyse verwendeten Materialien.

3.1.2   Kategorie Bildung

	PoW	BTC	ETH	LTC	PoS	DPoS	LPoS	PoA	PoBu	PoC/PoS/PoR	PoBa	PoET	PoV	RPCA	Stellar	BFT	h(k)
Anwendungsbereich	2	6	3	1	2	1	0	2	1	1	0	2	0	2	1	3	81%
ASIC-Resistance	0	0	3	1	0	0	0	0	0	0	0	0	0	0	0	0	13%
Bandwith Usage	0	0	1	0	0	0	0	1	0	0	0	0	0	0	0	1	19%
Blockchaingröße	0	1	0	0	0	0	0	0	0	0	0	0	0	0	0	0	6%
Energieverbrauch	16	11	4	1	12	5	0	1	2	3	0	2	0	4	2	6	81%
Fault Tolerance	7	5	0	0	2	2	0	0	0	2	0	1	0	5	1	12	56%
Finalität	10	7	0	0	3	1	0	1	0	1	0	1	0	2	0	4	56%
Flexible Trust	1	0	0	0	0	4	0	0	0	0	0	0	0	2	2	1	31%
Proofmechanismus	9	10	3	1	2	0	0	1	0	0	0	0	0	1	0	7	50%
Latenz	5	9	2	0	3	1	0	2	1	1	0	0	0	3	0	7	63%
Mining Hardware	3	7	3	3	2	0	0	0	0	6	1	2	0	0	0	2	56%
Performance	10	10	3	0	4	3	0	2	0	0	0	1	0	3	1	10	63%
Permissions	7	7	4	0	2	2	1	4	1	1	1	2	1	5	2	10	94%
Privacy	1	2	0	0	0	0	0	0	0	0	0	0	0	1	0	1	25%
Sicherheit	4	1	0	0	2	1	1	1	1	1	1	1	1	1	1	1	88%
Skallierbarkeit	7	6	3	1	5	2	1	2	2	1	1	1	1	4	2	12	100%
Smart Contracts	2	4	8	0	1	1	0	1	0	0	0	1	0	1	1	2	63%
Turing Complete	0	2	6	0	0	0	0	0	0	0	0	0	0	0	0	0	13%
TX Cost	0	1	0	0	1	0	0	0	0	0	0	0	0	0	0	0	13%
Vertragsvollständigkeit	0	0	0	0	0	0	0	1	0	0	0	0	0	0	0	0	6%
Vertrauenserfordernis	3	0	1	0	2	2	1	1	1	1	1	3	1	4	1	5	88%
Zentralisierungstendenz	4	7	1	0	2	1	1	1	1	2	1	1	1	3	2	1	94%
h(p)	73%	77%	64%	27%	68%	59%	23%	64%	36%	50%	27%	55%	23%	68%	50%	77%	

Abb. 4: Ergebnis der induktiven Kategorie Bildung (Eigene Darstellung)

Abbildung 4 zeigt das Ergebnis der induktiven Bildung von Kategorien. Die Spalten enthalten unterschiedliche Konsensalgorithmen. Die Zeilen der Tabelle enthalten Kategorien, in denen die Konsensalgorithmen Ausprägungen aufweisen. Die Felder der Tabelle beinhalten die kumulierten Häufigkeiten des Auftretens der jeweiligen Kategorie in Zusammenhang mit dem jeweiligen Konsensalgorithmus. Eine detaillierte Aufschlüsselung zu den Häufigkeiten in jedem analysierten Material findet sich in Appendix B. Zu beachten ist, dass BTC (Bitcoin), ETH (Ethereum) und LTC (Litecoin) in Abbildung 4 eine Sonderrolle einnehmen, da sie keine Konsensalgorithmen sondern Cryptowährungen bzw. Plattformen sind. Da die Differenzierung zwischen Konsensalgorithmus, Kryptowährung, Plattform, Netzwerkprotokoll, also den verschiedenen Abstraktionsschichten in der Literatur noch nicht hinreichend verbreitet ist, kommt es vor, dass Eigenschaften pauschal Kryptowährungen zugeschrieben werden, die jedoch ihren Ursprung im jeweiligen Konsensalgorithmus haben. Um trennen zu können, welche Effekte ihren Ursprung im Proof of Work Algorithmus haben – der von BTC, ETH und LTC verwendet wird – und welche Spezifika der jeweiligen Projekte sind, müssen sie getrennt betrachtet werden. Diese Trennung ist bei anderen Konsensalgorithmen nicht erforderlich, da die Vermischung von Konsensalgorithmus und anderen Abstraktionsebenen hier weniger stark auftritt und auch nicht möglich, da eine derart differenzierte Analyse aufgrund der Literaturlage nicht unterstützt wird.

Wie Abbildung 4 weiter zeigt, muss ein Konsensalgorithmus in mindestens 40% aller durch die Kategoriebildung identifizierten, möglichen Kategorien Materials vorhanden sein (h(p)), um sich für die Analyse zu qualifizieren. Für Kategorien gilt, dass mindestens 30% der Protokolle in ihnen Ausprägungen aufweisen müssen (h(k)), damit eine Analyse sinnvoll ist. Die Schwellenwerte ergeben sich aus der Notwendigkeit das Analysematerial auf den relevanten bzw. signifikant ausgeprägten Bereich einzugrenzen (vgl. Mayring and Fenzl 2014, p. 546).

3.1.3 Konsensalgorithmen

Nach einer Definition, was im Folgenden unter Konsensalgorithmen verstanden wird, werden die neun in Abbildung 4 verwendeten Abkürzungen für Konsensalgorithmen, die im Folgenden relevant sind (grün hinterlegt), erläutert – BTC, ETH und LTC zählen nicht zu den Konsensalgorithmen.

Konsensmechanismus (im Weiteren Konsensalgorithmus)

> *„Ein Konsensmechanismus (engl.: consenus mechanism oder consensus protocol) bezeichnet einen Algorithmus, der eine Einigung über den Status eines Netzwerkes zwischen seinen Teilnehmern erzielt. Konsensmechanismen werden in verteilten Systemen, wie z.B. Distributed Ledgers, eingesetzt um sicherzustellen, dass alle Teilnehmer eine identische Kopie der verteilten Datenbank besitzen."*
> (Metzger 2018)[1]

PoW – Proof of Work:

Proof of Work ist ein berechnungsintensiver Konsensalgorithmus, der nach dem Hash eines Sets von Informationen sucht, der mit einer festgelegten Zahl von Nullen beginnt. Die Schwierigkeit dieser Aufgabe skaliert exponentiell mit der Anzahl der geforderten anführenden Nullen (Vgl. Nakamoto 2008, p. 3). PoW wird in Bitcoin, Litecoin und Ethereum in verschiedenen Implementierungen genutzt (vgl. Tosh et al. 2018 - 2018, p. 303).

PoS – Proof of Stake:

Proof of Stake ist ein Konsensalgorithmus, der die Menge, der von einer Partei auf der jeweiligen Blockchain gehaltenen Währungseinheiten (Stake) dafür verwendet, zu entscheiden, mit welcher Wahrscheinlichkeit diese Partei berechtigt wird, einen weiteren Block an die Blockchain anzuhängen. Peercoin, Tezos und Tendermint sind Beispiele für Implementierungen des Proof of Stake Algorithmus (vgl. Chalaemwongwan and Kurutach 2018, p. 960).

DPoS – Delegated Proof of Stake:

Delegated Proof of Stake erweitert die Funktionalität von PoS dahingehend, dass Nodes (Netzwerkteilnehmer) das Miningrecht[2], das mit ihrem Stake einhergeht, an Delegaten (Vertreter) weitergeben können. Unter den *n* Delegaten mit den meisten Stimmen erfolgt ähnlich dem PoS-Algorithmus die Wahl desjenigen, der das Recht zum Erweitern der Blockchain

---

[1] Rechtschreibfehler aus Originalquelle übernommen.
[2] In Fall von PoS und DPoS eher „Validierungsrecht".

erhält. DPoS entbindet diejenigen Nodes, die ihren Stake nicht staken (zum validieren einsetzen) von der Notwendigkeit online und verfügbar zu sein. Bitshares verwendet DPoS zur Konsensfindung. (Vgl. Mingxiao et al. 2017, p. 2568)

PoA – Proof of Authority:

Bei Proof of Authority handelt es sich um eine vereinfachte Form des PoS Algorithmus, bei dem die Entscheidungsgewalt über die Beschaffenheit des nächsten Blocks der Blockchain an eine oder eine Gruppe von Autoritäten ausgelagert wird, die vorab festgelegt sind und das Vertrauen[3] der Nutzer des Netzwerkes genießen. (Vgl. Gupta and Sadoghi 2018, p. 5)

PoC / PoS / PoR – Proof of Capacity, Proof of Storage, Proof of Retrievability:

Proof of Capacity/Storage und Retrievability sind Teil einer Gruppe von Konsensalgorithmen, die die Verfügbarkeit bestimmter Daten oder Speicherplatz dazu nutzt, zu entscheiden, welchem Node es gestattet wird, einen weiteren Block an die Blockchain anzuhängen. Hierbei unterscheiden sich die Protokolle nur unwesentlich und werden im Folgenden gruppiert betrachtet, auch, weil die Datenlage zu exotischen, wenig erprobten Protokollen eine Analyse andernfalls nicht zuließe. (Vgl. Bano et al. 2017, p. 8) Beispiele für diese Gruppe sind SiaCoin, Storj oder Filecoin.

PoET – Proof of Elapsed Time:

Proof of Elapsed Time wird durch Intels "Software Guard Extension" (SGX) ermöglicht – eine geschützte Hardware Enklave innerhalb des Prozessors. Durch diese Technologie kann eine nicht manipulierbare[4], pseudo-zufällige Wartezeit generiert werden, die die Reihenfolge festlegt, in der Netzwerkteilnehmer berechtigt sind, Blöcke an die Blockchain anzuhängen. (Vgl. Cachin and Vukolić 2017, p. 17)

RPCA: Ripple Consensus Algorithm:

Der Ripple Protocol Consensus Algorithm nutzt ein vertrauenswürdiges Subnetz, die *Unique Node Lists* (UNL), um einen Netzwerkkonsens zu erreichen. Jeder Server der UNL versucht die gleiche Transaktion zum momentan aktuellen Register (Ledger) hinzuzufügen. Wird eine Übereinstimmung erreicht, wird das aktuelle Register geschlossen und ein neues eröffnet. Geschlossene Ledger enthalten stets eine komplette Historie alle Konten (Accounts) und Transaktionen. (Vgl. Mukhopadhyay et al. 2016, p. 749)

---

[3] Entsprechend unterliegt PoA der grundlegenden Annahme, dass einer bzw. mehreren Parteien im Netzwerk vertraut werden kann.
[4] Es sei bereits hier erwähnt, dass das Vertrauen auf die Hardware eines Herstellers eine zweifelhafte Entscheidung ist. Noch dazu kann nicht davon ausgegangen werden, dass die SGX tatsächlich sicher ist (vgl. Schwarz et al. 2017)

Stellar: Stellar Consensus Algorithm:

Der Stellar Konsensalgorithmus wurde aus dem RPCA entwickelt und teilt sich viele Eigenschaften mit ihm. Statt der UNL werden jedoch so genannte *quorum slices* verwendet, die eine ausreichende Überlappung der Datenbestände aufweisen müssen, um einen Konsens zu erreichen. Die Sets von Validitoren sind hierarchisch geordnet, sodass auftretende Konflikte durch Eskalation auf eine höhere Stufe beseitigt werden können. (Vgl. Cachin and Vukolić 2017, p. 18)

BFT / PBFT: Byzantine Fault Tolerance, Practical Byzantine Fault Tolerance:

Practical Byzantine Fault Tolerance (in der Form von Paxos) ist womöglich die älteste Form des Konsensalgorithmus und sehr viel länger etabliert als das junge Blockchain Konzept. PBFT ist ein mehrphasiges Protokoll, das über den Austausch von Nachrichten zwischen allen Netzwerkteilnehmern einen Konsens über den Zustand des Netzwerkes herstellt. (Vgl. Buchman 2016, pp. 10–12)

Weitere Konsensalgorithmen

Zu diesen Konsensalgorithmen sind im verwendeten Material entweder keine oder zu wenig Informationen enthalten, um sie zu analysieren.

- Leased Proof of Stake (im analysierten Material nicht vorhanden) (Begicheva and Kofman 2018, p. 2)
- Proof of Activity (Debus 2017, p. 22)
- Proof of Bandwidth (Debus 2017, p. 23)
- Proof of Contribution (Xue et al. 2018)
- Proof of Deposit (Bano et al. 2017, 8)
- Proof of eXercise (Bach et al. 2018, p. 1549)
- Proof of Importance (Mattila 2016, p. 25)
- Proof of Luck (Nguyen and Kim 2018, p. 115)
- Proof of Personhood (Borge et al. 2017)
- Proof of Property (Ehmke et al. 2018)
- Proof of Publication (Chalaemwongwan and Kurutach 2018)
- Proof of Validation (Mattila 2016, p. 25)
- Proof of Value (Davidson et al. 2016, p. 16)
- Proof of Velocity (Tschorsch and Scheuermann 2016, p. 2112)
- Proof of Vote (Li et al. 2017)
- Proof of Zero Knowledge (zk-SNARK) (Bano et al. 2017, p. 13)

3.1.4   Kategorien

Die 15 in Abbildung 4 stichwörtlich erfassten und grün unterlegten Kategorien, deren Häufigkeit für die Analyse ausreicht, werden im Folgenden weiter differenziert. Zur Beschreibung der Kategorien werden Behauptungen über die Eigenschaften von Konsensalgorithmen aufgestellt, die bereits auf die Ergebnisse der Analyse vorgreifen. Um den Lesefluss nicht zu unterbrechen, wird auf ausgiebige Verweise auf die Analyseergebnisse verzichtet. Dem interessierten Leser stehen diese in Kapitel 3.1.5 zur Überprüfung zur Verfügung.

Anwendungsbereich

Anwendungsbereich sind Einsatzgebiete, auf denen der Konsensalgorithmus verwendet wird. Für Bitcoin wären dies Finanztransaktionen. In dieser Kategorie ist die Trennung zwischen den Eigenschaften von Konsensalgorithmen und den Eigenschaften der jeweiligen Implementierung besonders schwierig. Beispielsweise verwenden sowohl Ethereum als auch Bitcoin einen Proof of Work Algorithmus, jedoch unterscheiden sich ihre Anwendungsbereiche durch die Unterstützung von Smart Contracts seitens Ethereum drastisch (mehr hierzu in 3.1.5). Es ist hier Aufgabe der Analyse zu bestimmen, welche Eigenschaften Teil des Konsensalgorithmus sind und welche Teil der Implementierung.

Energieverbrauch

Grundsätzlich gilt, dass jede Form von elektrisch betriebenem Gerät Strom verbraucht. Wenn es sich bei dem Gerät um einen Computer handelt, so ist der Stromverbrauch unter anderem davon abhängig, wie viele Operationen pro Sekunde auf der CPU ausgeführt werden. Berechnungsintensive Vorgänge verbrauchen somit mehr Strom als weniger berechnungsintensive (vgl. Vijayalakshmi et al. 2011, p. 95). Über den Energieverbrauch des jeweiligen Konsensalgorithmus lassen sich Informationen über die Wirtschaftlichkeit seines Betriebs gewinnen.

Fault Tolerance

Fehlertoleranz bezieht sich hier auf die Menge validierender Knoten im Netzwerk, die eine Replikation der jeweiligen Blockchain halten und dazu beitragen, Transaktionen bzw. Operationen im Netzwerk durchzuführen, zu verteilen und zu validieren. Die Fehlertoleranz ist der prozentuale Anteil an validierenden Knoten im Netzwerk, die (vorsätzlich oder nicht vorsätzlich) falsche oder schadhafte Informationen in das Netzwerk einspeisen und so die Konsensfindung gefährden (vgl. Buchman 2016, pp. 10–12).

Finalität

Die Sicherheit von Bitcoin beruht unter anderem darauf, dass die Veränderung eines Blocks der Blockchain eines früheren Zeitpunktes zur Folge hat, dass sich die Informationen aller folgenden Blöcke ändern. So muss ein Angreifer, der vergangene Transaktionsinformationen manipulieren möchte, die Arbeit des Proof of Work Algorithmus erneut leisten und dabei die Geschwindigkeit/Leistung des gesamten Netzes übertreffen, um eine Kette zu generieren, die die gerade aktuelle und richtige ablöst.

Finalität ist das Gegenteil des beschriebenen Prozesses. Finalität ist gegeben, wenn ein Block, der an die Blockchain angehängt wurde, nicht mehr verändert werden kann, auch nicht durch hohe Rechenleistung. Finalität wird durch Proof of Work nicht gewährleistet, wohl aber durch Practical Byzantine Fault Tolerance Protokolle, die ebenfalls analysiert werden (vgl. Vukolic 2016, p. 42)

Flexible Trust

Flexible Trust bezieht sich auf das Verhältnis der Nodes im Netzwerk untereinander. Flexible Trust ist gegeben, wenn ein Knoten im Netzwerk eigenständig darüber entscheiden kann, welchen anderen Knoten im Netzwerk er vertraut bzw. von welchen Validitoren er validierte Transaktionen akzeptiert (vgl. Debus 2017, p. 34).

Proof Mechanismus

Der Proof Mechanismus entscheidet darüber, wie Nodes Einigung darüber finden, welcher Knoten dazu berechtigt ist, einen weiteren Block an die Blockchain anzuhängen. Denkbare Verfahren sind *Hashing* wie bei Bitcoin oder *Messaging* also der Nachrichtenaustausch zwischen den Nodes oder auch *Zufall*.

Latenz

Latenz ist die Zeit, die eine Nachricht benötigt, um von Sender zum Empfänger zu gelangen. Im vorliegenden Kontext ist die Latenz die Zeit, die eine Transaktion nach dem Absenden benötigt, um validiert und bestätigt zu werden, um vom Netzwerk und seinen Teilnehmern also als abgeschlossen und verifiziert angesehen wird.

Mining Hardware

Wie in Bezug auf den Energieverbrauch bereits erwähnt, verbrauchen Rechenoperationen auf einem Computer Strom. Wie viel dies konkret ist, hängt unter anderem von der Effizienz der jeweiligen Hardware ab. Gewisse Rechenoperationen lassen sich mit spezieller Hardware effizienter durchführen. Bei dieser Hardware spricht von Application Specific Integrated Circuit (ASIC). Während es Konsensalgorithmen gibt, deren Arbeit sich durch solche ASICs beschleunigen lässt, gibt es anderen Algorithmen, die resistent gegen solch hardwarebeschleunigte Verfahren sind (vgl. Tosh et al. 2018 - 2018, p. 303).

Performance

Performance, also Leistungsfähigkeit, kann viele Formen annehmen. Im Folgenden sei die Leistungsfähigkeit (Performance) die Menge an Transaktionen bzw. Nachrichten, die im Netzwerk pro Sekunde transportiert und validiert werden können. Ein üblicherweise hierfür verwendetes Maß sind Transaktionen pro Sekunde TP/s.

Permissions

Je nach Kontext können die auf Blockchains abgelegten Informationen für jedermann zugänglich sein oder Zugriffsbeschränkungen unterliegen. Sind die Informationen frei zugänglich und ist die Partizipation am Netzwerk frei möglich, spricht man von Permissionless Blockchains. Unterliegt der Zugriff auf Informationen Restriktionen oder ist die Partizipation in Form von Validierung auf eine bestimmte Personengruppe beschränkt, so spricht man von Permissioned Blockchains. (Vgl. Cachin and Vukolić 2017, p. 1)

Sicherheit

Sicherheit tangiert Blockchains an vielen Stellen. Zunächst muss sichergestellt werden, dass Transaktionen, die bestätigt wurden, nicht oder nur mit unwirtschaftlichem Aufwand wieder verändert werden können. Darüber hinaus müssen verschiedenste protokollabhängige Angriffsvektoren beseitigt oder zumindest mitigiert werden. Das Maß an Sicherheit zu bestimmen, ist sehr schwierig und kann nur relativ zwischen verschiedenen Protokollen erfolgen.

Skalierbarkeit

Skalierbarkeit tritt in Blockchains in zwei Formen auf: Node-Skalierbarkeit und Client-Skalierbarkeit. Client-Skalierbarkeit ist in den seltensten Fällen ein Problem, da Clients lediglich Transaktionen zum Netzwerk beitragen und bereits validierte Informationen lesen. Sie sind daher nicht an der Konsensfindung beteiligt und nehmen nur Informationen aus einem Broadcast auf. Node-Skalierbarkeit beschreibt die Reaktion der Netzwerkperformance auf die Erhöhung der Anzahl an transaktionsvalidierenden Konten im Netzwerk. Hierbei kann es zu Performanceeinbrüchen bei steigender Node-Anzahl kommen. Unter Skalierbarkeit wird daher im Folgenden nur die Node-Skalierbarkeit verstanden. (Vgl. Debus 2017, p. 34)

Smart Contracts

Smart Contracts sind komplexe, in der Regel in Turing vollständigen Programmier- oder Skriptsprachen geschriebene Abfolgen von Befehlen, deren Zustände auf einer Blockchain abgelegt werden und die verteilt auf allen Nodes des Netzwerkes gleichermaßen ausgeführt werden (vgl. Cachin and Vukolić 2017, p. 1). Um Smart Contracts zu unterstützen, muss die Implementation der Blockchain bestimmte Anforderungen erfüllen. Ob diese Anforderungen abhängig vom Konsensalgorithmus sind, soll die Analyse zeigen.

Vertrauenserfordernis

Nakamotos entscheidender Beitrag, den er durch sein Bitcoin Whitepaper leistete, war die Entwicklung eines Transaktionssystems, das es Teilnehmern ermöglicht, Transaktionen durchzuführen, ohne sich gegenseitig vertrauen zu müssen und ohne dabei auf eine dritte Person als Treuhänder zu vertrauen. Diese Vertrauenslosigkeit erreicht Bitcoin durch den Einsatz des Proof of Work Konsensalgorithmus (Nakamoto 2008). Die Analyse wird zeigen, dass andere Blockchains, die andere Konsensalgorithmen verwenden, nicht ohne Vertrauen zwischen den Parteien funktionieren. Bei diesen Konsensalgorithmen ist ein Vertrauenserfordernis gegeben.

Zentralisierungstendenz

Die Analyse wird zeigen, dass es in vielen Blockchain Implementationen eine Zentralisierungstendenz gibt. Oftmals ist diese möglicherweise durch abnehmende Grenzkosten zu begründen, die bei ressourcenintensiven Konsensalgorithmen auftreten. Ob es bei allen Konsensalgorithmen Zentralisierungstendenzen gibt, wird die Analyse zeigen.

Eigen	(Christidis and Devetsikiotis 2016, p. 2297)	(Dinh et al. 2017, p. 1090)	(Mingxiao et al. 2017, p. 2569)	(Debus 2017, p. 33)	(Walsh et al. 2016, p. 5)
Anwendungsbereich	Anwendungsbereich		Anwendungsbereich		
Energieverbrauch					
Fault Tolerance		Fault Tolerance	Fault Tolerance	Fault Tolerance	
Finalität					
Flexible Trust				Flexible Trust	
Proofmechanismus					
Latenz		Latenz	Latenz		
Mining Hardware					
Performance		Performance	Performance		
Permissions	Permissions				Permissions
Sicherheit			Sicherheit	Sicherheit	
Skalierbarkeit		Skalierbarkeit	Skalierbarkeit	Skalierbarkeit	Skalierbarkeit
Smart Contracts	Smart Contracts				
Vertrauenserfordernis					
Zentralisierungstendenz					Zentralisierung
				Liveness	

Abb. 5: Vergleich von induktiv gebildeten Kategorien und im Material verwendeten Kategorien (Eigene Darstellung)

Wie Abbildung 5 zeigt, decken sich die im Material explizit genannten Kategorien zu 66% mit den induktiv am Material gebildeten Kategorien. Wichtig ist hierbei, dass die meisten der in der Literatur verwendeten Kategorien, durch den Prozess der induktiven Kategoriebildung erfasst wurden und somit davon ausgegangen werden kann, dass der Kategoriebildungsprozess erfolgreich war. Es wird sich zeigen, dass auch die nicht explizit genannten (In Abbildung 5 grau hinterlegten) Kategorien Merkmalsausprägungen aufweisen, wie Appendix B bereits vermuten lässt.

3.1.5 Merkmalsausprägungen

Nachdem festgelegt wurde, für welche Konsensalgorithmen genug Material vorliegt, sodass eine Analyse vielversprechend ist und die Kategorien evaluiert wurden, in denen Merkmalsausprägungen der jeweiligen Algorithmen festgestellt werden sollen, beginnt der letzte Schritt der qualitativen Inhaltsanalyse. In einem finalen Materialdurchgang werden Aussagen der Materialien zu den verschiedenen Algorithmen in den jeweiligen Kategorien gesammelt. Die ca. 400 bei diesem Durchgang identifizierten Aussagen werden gebündelt und in einer gemittelten Aussage aller Quellen über die Ausprägung eines Algorithmus einer Kategorie zusammengefasst. Eine Übersicht über alle Aussagen und Zusammenfassungen ist in Appendix C zu finden.

Das sich Autoren mit der Frage schwertun, was Eigenschaften von Konsensalgorithmen und was Eigenschaften der jeweiligen Implementierung von Konsensalgorithmen sind, konnte bereits in Kapitel 2 gezeigt werden. Das Problem zu identifizieren löst es jedoch nicht. Bei der Analyse der Merkmalsausprägungen ist deutlich geworden, dass die Unterstützung von Smart Contracts nicht vom verwendeten Konsensalgorithmus abhängig ist sondern von der jeweiligen Implementierung. Dies ist beispielsweise daran zu beobachten, dass sowohl Bitcoin als auch Ethereum verschiedene Arten von Proof of Work Algorithmus verwenden und Ethereum Turing Complete Smart Contracts unterstützt, während Bitcoin dies nicht tut (vgl. Davidson et al. 2016, p. 15). Aufgrund dieser beobachteten Unabhängigkeit des Konsensalgorithmus und der Unterstützung von Smart Contracts ergibt eine weitere Betrachtung dieser Kategorie keinen Sinn mehr, wodurch 14 Kategorien verbleiben, die in deren Merkmalsausprägungen in die Analyse einfließen.

3.2 Quantifizierung

Um die aus der qualitativen Inhaltsanalyse gewonnenen Aussagen quantifizieren zu können, müssen sie zunächst verdichtet werden. Hierzu werden sie in eine Rangfolge gebracht und in Zahlenwerte übersetzt. Je nachdem ob es sich um ordinal oder nominal skalierte Ausprägungen handelt, haben die zugewiesenen Zahlen reinen Identifikationscharakter oder weisen auf eine ordinale Abstufung zwischen den Werten hin. Die Nutzung von Zahlenwerten gegenüber Buchstaben oder Symbolen ist sinnvoll, da dies die Interpretation von Ausprägungen insbesondere bei binär ausgeprägten Merkmalen erleichtert.

Die Darstellung der Merkmalsausprägungen sowie die entsprechende Repräsentation in numerischen Werten befindet sich in Appendix D. Im Folgenden wird nur die numerische Darstellung betrachtet, die für weitere Berechnungsschritte relevant ist. Diese zeigt Abbildung 6.

Skalenniveau	Anwendungsbereich	Energieverbrauch	Fault Tolerance	Finalität	Flexible Trust	Proofmechanismus	Latenz	Mining Hardware	Performance	Permissions	Sicherheit	Skalierbarkeit	Vertrauen	Zentralisierung
	Nominal	Ordinal	Ordinal	Nominal	Nominal	Nominal	Ordinal	Nominal	Ordinal	Nominal	Ordinal	Ordinal	Nominal	Ordinal
PoW	(1,2)	1	3	0	0	1	1	1	1	-1	4	3	0	1
PoS	(3)	2	4	0		1	2	2	2	-1	3	4		1
DPoS	(4)	3	4		1	1	3		2	-1		5		
PoA	(1)	4	4	0		1	2	3	1	0	2	5	1	2
PoC	(5)	2	4				1	4		-1		2	0	1
PoET	(3)	4		0		2		5	3	0	1		1	
RPCA	(1)	4	1	1	1		3		4	0	2	1	1	3
Stellar	(1,2)	4			1				3	0		3		1
BFT	(1,3)	4	2	1	1	3	3	6	5	1	1	2	1	2

Abb. 6: Quantifizierte Merkmalsausprägungen der Analysedaten (Eigene Darstellung)

Auf die Besonderheiten der in Abbildung 6 zusammengefasst Quantifizierung sei im Folgenden kurz eingegangen. Grundsätzlich gilt, dass gleiche oder annähernd gleiche Ausprägungen denselben numerischen Wert zugewiesen bekommen.

Anwendungsbereich:

Da mehrere Anwendungsbereiche vorkommen können, ist die Merkmalsausprägung mehrdimensional ausgeprägt. Jede Ausprägung des Merkmals ist nominal skaliert, sodass beispielsweise zwischen den Ausprägungen (3) und (5) keine Distanz bestimmt werden kann, sondern lediglich festgestellt werden kann, dass sie nicht identisch sind. Entsprechend gilt für mehrdimensionale Ausprägungen wie (1, 2) und (2), dass sie nur zu 50% übereinstimmen.

Finalität, Flexible Trust, Vertrauenserfordernis:

Das Merkmal ist nicht nur nominal sondern auch binär.

Mining Hardware:

Da das Merkmal bei keinem Algorithmus gleich ausgeprägt ist, liefert es für die Analyse keinen Mehrwert und wird nicht weiter betrachtet.

Abschließend müssen die quantifizierten Merkmalsausprägungen normiert werden, damit die Distanzberechnung in der folgenden Clusteranalyse über alle Kategorien hinweg vergleichbare Ergebnisse liefert. Hierfür wird die in Kapitel 2.2 bereits genannte Formel auf die ordinale skalierten Ausprägungen angewandt. Die nominal skalierten Ausprägungen bleiben hiervon unberührt:

$$z_{if} = \frac{r_{if-1}}{M_f - 1}$$

Formel 1: Normierung von Merkmalsausprägungen (vgl. Kaufman and Rousseeuw 2005, pp. 30–31)

	Anwendungsbereich	Energieverbrauch	Fault Tolerance	Finalität	Flexible Trust	Proofmechanismus	Latenz	Performance	Permissions	Sicherheit	Skalierbarkeit	Vertrauen	Zentralisierung
Skalenniveau	Nominal	Ordinal	Ordinal	Nominal	Nominal	Nominal	Ordinal	Ordinal	Nominal	Ordinal	Ordinal	Nominal	Ordinal
PoW	1,2	0	0.67	0	0	1	0	0	-1.00	1.00	0.5	0	0.00
PoS	3	0.33	1.00	0		1	0.5	0.25	-1.00	0.67	0.75		0.00
DPoS	4	0.67	1.00		1	1	1.0	0.25	-1.00		1.00		
PoA	1	1.00	1.00	0		1	0.5	0.00	0.00	0.33	1.00	1	0.50
PoC	5	0.33	1.00				0.0		-1.00		0.25	0	0.00
PoET	3	1.00		0		2		0.50	0.00	0.00		1	
RPCA	1	1.00	0.00	1	1		1.0	0.75	0.00	0.33	0.00	1	1.00
Stellar	1,2	1.00			1			0.50	0.00		0.50		0.00
BFT	1,3	1.00	0.33	1	1	3	1.0	1.00	1.00	0.00	0.25	1	0.50

Abb. 7: Normierte Merkmalsausprägungen (Eigene Darstellung)

3.3 Clusteranalyse

Ziel dieser Arbeit ist die Identifikation von Archetypen von Konsensalgorithmen. Die ersten beiden Analyseschritte haben eine Datenbasis geschaffen, die im Weiteren eine mathematische Analyse der identifizierten Merkmalsausprägungen erlaubt. In diesem Kapitel wird fortlaufend Bezug auf den zur Clusteranalyse nach dem K-Means Verfahren entwickelten Code genommen. Dieser befindet sich in Appendix E und wird im Folgenden referenziert als: *(E: 123)* wobei die Zahl die jeweilige Zeile im Quellcode angibt.

Einen ersten Eindruck von den Distanzen zwischen verschiedenen Konsensalgorithmen bietet Abbildung 8. Die Distanzmatrix zeigt die Distanzen zwischen den untersuchten Algorithmen relativ in einem von 0 bis 1 normierten Bereich (E: 69-81).

	PoW	PoS	DPoS	PoA	PoC	PoET	RPCA	Stellar	BFT
PoW	0								
PoS	0.2718	0							
DPoS	0.5278	0.2612	0						
PoA	0.5	0.3645	0.385	0					
PoC	0.2388	0.2857	0.515	0.6775	0				
PoET	0.8125	0.5129	0.716	0.3538	0.918	0			
RPCA	0.8408	0.776	0.6038	0.4318	0.865	0.369	0		
Stellar	0.5	0.5283	0.5133	0.3333	0.584	0.25	0.321	0	
BFT	0.8146	0.7055	0.6111	0.5625	0.73	0.5	0.263	0.3929	0

Abb. 8: Distanzmatrix aller untersuchten Konsensalgorithmen (Eigene Darstellung)

Angesichts der in Appendix C identifizierten Merkmalsausprägungen sind die meisten der aufgedeckten Ähnlichkeiten nur mäßig verwunderlich. PoW und PoC ähneln sich dahingehend, dass sie beide auf mehr oder weniger spezielle Hardware vertrauen und eher geringe Transaktionsraten und hohe Latenzen aufweisen. Das sich DPoS und PoS ähneln wundert ebenfalls nicht, da das eine aus dem anderen hervor gegangen ist. Interessanter ist die Ähnlichkeit von Stellar und PoA, da beide Algorithmen im Kern nicht viele Gemeinsamkeiten besitzen, jedoch sind sie im Vergleich zu anderen Algorithmen nicht gänzlich auf gegenüberliegenden Seiten der Spektren ordinaler Variablen angeordnet, was ihnen mehr Nähe verleiht als beispielsweise PoC und PoET, die sich hinsichtlich fast jeder vergleichbaren Kategorie maximal unterscheiden. Das PoET und Stellar den geringsten Distanzwert aufweisen kommt dadurch zustande, dass es nur vier der 13 [5] Kategorien gibt, in denen sowohl PoET als auch Stellar Merkmalsausprägungen aufweisen (Anwendungsbereich, Energieverbrauch, Performance, Permissions). Drei davon stimmen überein, was zu einer

---

[5] 15 Kategorien abzüglich „Smart Contracts", deren Ausprägung nicht vom Konsensalgorithmus abhängig ist und „Mining Hardware", bei der jeder Algorithmus eine andere Ausprägung aufweist.

Distanz von 0.25 oder 25% führt. Dieses Beispiel zeigt recht deutlich, dass eine breitere Datenbasis mit mehr Details zu einzelnen Algorithmen wünschenswert wäre.

Die normierten Merkmalsausprägungen werden im CSV Format importiert (E: 600-618) und aus ihnen werden „Algorithm"-Objekte erstellt (E: 19-66). Nachdem eine Liste der Kategorien angelegt wurde, in denen die jeweiligen Objekte Ausprägungen besitzen (E: 244-255), beginnt der K-Means Algorithmus (E: 626-659), dessen schematische Beschreibung bereits in Kapitel 2.3 erfolgt ist. In den Analysedurchläufen wurden für die Anzahl der Cluster (Parameter k) die Werte $k = \{2, 3, 4, 5\}$ verwendet und für die Anzahl der Gesamtdurchläufe (Paramter n) $n = 10.000$. Mit diesen Parametern wurden die in Abbildung 9 dargestellten Cluster identifiziert.[6]

k	2	3	4	5
n	10000	10000	10000	10000
c1	BFT RPCA PoET Stellar PoA	BFT RPCA PoET Stellar	BFT RPCA	BFT RPCA
c2	PoW PoC PoS DPoS	PoW PoC PoS	PoW PoC	PoW PoC
c3		PoA DPoS	PoA PoET Stellar	PoA
c4			PoS DPoS	PoS DPoS
c5				PoET Stellar

Abb. 9: Ergebnisse des K-Means Algorithmus (Eigene Darstellung)

k	2	3	4	5
n	10000	10000	10000	10000
c1	BFT RPCA PoET Stellar PoA	BFT RPCA PoET Stellar	BFT RPCA	BFT RPCA
c2	PoW PoC PoS DPoS	PoW PoC PoS	PoW PoC	PoW PoC
c3		PoA DPoS	PoA PoET Stellar	PoA
c4			PoS DPoS	PoS DPoS
c5				PoET Stellar

Abb. 10: Persistente Cluster über verschiedene Werte von K (Eigene Darstellung)

Je nach gewähltem K entwickeln sich verschiedene Cluster. Interessant ist hierbei, dass einige Teilcluster über verschiedene K-Werte konsistent bleiben (s. Abb. 10).

Für die Cluster, die über verschiedene Werte von K bestehen, wie z.B. {BFT, RPCA}, {PoW, PoC} oder {PoS, DPoS} kann angenommen werden, dass die Clustermitglieder zueinander in einem höheren Maß Ähnlichkeiten aufweisen, als die übrigen Clustermitglieder. Ein Blick

---

[6] Für 10.000 Iterationen des gesamten Algorithmus inklusive lokaler Optimierung sind je nach Hardware 1-2 Minuten Berechnungszeit unter Volllast eines Threads zu erwarten.

auf Abbildung 8 bestätigt diese Annahme. Die zu Beginn des Kapitels identifizierten Distanzen und Ähnlichkeiten aus Abbildung 8 spiegeln sich in Abbildung 9 wieder.

3.4 Generierung von Archetypen

Mit den in 3.3 gewonnen Analyseergebnissen kann nun die Bildung der Archetypen erfolgen. Archetypen sollen die charakteristischen Eigenschaften der Cluster, die sie beschreiben, aufweisen und zugleich so offengehalten werden, dass in Zukunft weitere Beobachtungen (wie beispielsweise die übrigen, nicht analysierten Konsensalgorithmen aus Kapitel 3.1.3) in das System eingeordnet werden können (vgl. Glaser and Bezzenberger 2015, p. 7). Zentral ist zunächst die Frage danach, wie viele Archetypen entwickelt werden sollen. Die mittels verschiedener K-Parameter identifizierten Cluster lassen entsprechend viele Bildungen von Archetypen zu. Es wurde bereits festgelegt, dass Datenpunkte nur in den Kategorien mit andere Datenpunkten verglichen werden können, in denen sie Merkmalsausprägungen aufweisen. Das gilt im gleichen Maße für die Centroide, die über ihren Abstand zu den Datenpunkten darüber entscheiden, welcher Datenpunkt welchem Cluster angehört. Centroide von Clustern, die viele Datenpunkte enthalten, können in diesen Clustern nur wenige Distanzen abbilden, da beim Vergleich der kleinste gemeinsame Nenner als Vergleichsgrundlage herangezogen wird. In einem Cluster mit fünf Datenpunkten, bei dem ein Datenpunkt nur in drei Kategorien ausgeprägt ist, können alle Datenpunkte nur hinsichtlich dieser drei Kategorien verglichen werden, wenn sie denn in allen anderen Datenpunkten ausgeprägt sind. Wenn es negative Überschneidungen gibt (Punkt A prägt Merkmal 1 und 3 aus und Punkt B prägt 2 und 4 aus → Keine Überschneidung), reduziert sich die Zahl der Vergleichsmöglichkeiten weiter. Größere Cluster sind somit nicht zwangsläufig bessere Cluster, da die Aussagekraft der „Bindung", die dieses Cluster zusammenhält, sinkt.

Die Zahl der übereinstimmenden Merkmale innerhalb eines Clusters lässt sich anhand der Lage der Centroide ablesen. Abbildung 11 zeigt die relative Abdeckung der Merkmalsausprägungen der Datenpunkte im jeweiligen Cluster durch die Centroide. Es ist nicht verwunderlich, dass die Abdeckung durch die Centroide mit schrumpfender Clustergröße steigt. Ist nur noch ein Datenpunkt Teil des Clusters, so ist der Centroid mit diesem Datenpunkt identisch und deckt die merkmalsausprägenden Kategorien somit zu 100% ab. Würde man dies als Gütekriterium heranziehen, wäre der Parameter $k = 9$ optimal, da so jeder Datenpunkt in einem eigenen Cluster angesiedelt würde. Als Qualitätsmaß wird stattdessen die relative Steigerung der durchschnittlichen Abdeckung der Clusterkategorien durch die Centroide gewählt. Eine ausführliche Tabelle, die die Merkmalsausprägungen der Centroide enthält, ist in Appendix F zu finden.

	k=2		k=3			k=4				k=5				
	c1	c2	c1	c2	c3	c1	c2	c3	c4	c1	c2	c3	c4	c5
Abdeckung %	31	46	31	54	62	92	62	31	62	92	62	92	62	31
Durchsch. Abdeckung	0.3846		0.4872			0.6154				0.6769				
Steigerung abs.			0.1026			0.1282				0.0615				
Steigerung rel.			26.67%			26.32%				10.00%				

Abb. 11: Steigerung der Abdeckung der Merkmalsausprägungen durch Centroide mit abnehmender Clustergröße (Eigene Darstellung)

Wie erwartet, nimmt die relative Steigung schrittweise ab, wenn die Menge der Cluster steigt und die Anzahl der Elemente in den Clustern sinkt. Unweigerlich kommt es nun zu einem Interessenskonflikt zwischen perfekter Abdeckung der in den Clustern ausgeprägten Kategorien (optimal bei $k = 9$) und möglichst vieler Elemente innerhalb der Cluster, um Archetypen zu generieren, die sich auf möglichst viele Fälle anwenden lassen (optimal bei $k = 1$ bzw. 2). Der Fall $k = 9$ kommt einem extremen Overfitting gleich und überspezifiziert das Modell so stark, dass es bei Anwendung auf eine andere Grundgesamtheit (andere Konsensalgorithmen) schlechtere Ergebnisse liefern würde (vgl. Ester and Sander 2000, pp. 131–133). Im Kontrast dazu liefert das andere Extrem $k = 1$ keinen Erkenntnisgewinn und ist ebenso ungeeignet. Angesichts der Daten aus Abbildung 11 werden $k = \{4,5\}$ als beste Ergebnisse in Betracht gezogen. Während die Steigerung der absoluten Abdeckung von $k = 3$ zu $k = 4$ sogar noch steigt, halbiert sie sich beim Übergang von $k = 4$ zu $k = 5$. Beim Vergleich der prozentualen Abdeckungen der Cluster fällt auf, dass für $k = 5$ nur eine bessere durchschnittliche Abdeckung erreicht wird, weil das Cluster c3 nur noch ein Element (PoA) enthält (s. Abbildung 10) und daher zwangsläufig mit einer maximalen Abdeckung von 92% in die Berechnung eingeht[7]. Für $k = 4$ wird ein vergleichbares Erkenntnisniveau bei weniger Overfitting erreicht. Die Analyseergebnisse legen nahe, dass das Material mit vier Clustern bzw. durch die Unterteilung in vier Archetypen bestmöglich abgebildet werden kann.

Diese vier Cluster sind:

$$c_1 = \{BFT, RPCA\}$$
$$c_2 = \{PoW, PoC\}$$
$$c_3 = \{PoA, PoET, Stellar\}$$
$$c_4 = \{PoS, DPoS\}$$

---

[7] Es handelt sich um 92% statt 100%, da eine Kategorie PoA nicht ausgeprägt ist, was zu einer Abdeckung von $0.92 \approx \frac{12}{13}$ führt.

Abschließend werden die Eigenschaften der vier Cluster charakterisiert und daraus Archetypen mit klaren, greifbaren Eigenschaften und Namen gebildet. Hierzu wird Bezug auf Abbildung 12 genommen, die der Kapitelstruktur getreu noch in der Einleitung des Kapitels zu finden sein sollte. Der Wert *9* symbolisiert fehlende Werte.

$k=4$	c1	c2	c3	c4
Anwendungsbereich	[1]	[1]	[1]	[1]
Energieverbrauch	1	0.17	1	0.5
Fault Tolerance	0.17	0.83	*9*	1
Finalität	1	*9*	*9*	*9*
Flexible Trust	1	*9*	*9*	*9*
Proofmechanismus	*9*	*9*	*9*	1
Latenz	1	0	*9*	0.75
Performance	0.88	*9*	0.33	0.25
Permissions	0	-1	0	-1
Sicherheit	0.17	*9*	*9*	*9*
Skalierbarkeit	0.12	0.38	9	0.88
Vertrauenserfordernis	1	0	*9*	*9*
Zentralisierungstendenz	0.75	0	*9*	*9*
Abdeckung	92%	62%	31%	62%
Durchschnittliche Abdeckung	0.6154			

Abb. 12: Lage der Centroidefür *k=4* und relative Abdeckung der Kategorien der Clusterelemente (Eigene Darstellung)

Für die Bildung von Archetypen werden die zusammenfassenden Aussagen über die Merkmalsausprägungen der Konsensalgorithmen aus Appendix C für alle Algorithmen eines Clusters gegenübergestellt. Aus Platzgründen ist diese Darstellung in Appendix G zu finden und wird regelmäßig referenziert.

3.4.1   Archetyp c1: The Rocket

Abbildung 12 zeigt, dass BFT und RPCA in 12 von 13 getesteten Kategorien verglichen werden können, lediglich die Kategorie Proofmechanismus ist nur bei BFT ausgeprägt. Appendix G.1 zeigt die gegenübergestellten zusammenfassenden Aussagen der qualitativen Inhaltsanalyse des Materials für die vergleichbaren Kategorien. Bei der Betrachtung von G.1 werden mehrere Aspekte deutlich:

1. c_1[8] ist energiesparend
2. c_1 verfügt über eher niedrige Fault Tolerance
3. c_1 unterstützt Flexible Trust
4. c_1 zeigt hervorragende Performance
5. c_1 ist unsicher
6. c_1 benötigt das Vertrauen der Nutzer
7. c_1 ist zentralisiert

Entsprechend der obigen Auflistung wird der erste Archetyp als hoch performant, effizient und fragil identifiziert. Er erhält den Namen: „The Rocket" als Synonym für extreme Performance, die aber nur unter bestimmten Bedingungen erreicht werden kann.

3.4.2   Archetyp c2: The Democrat

Abbildung 12 zeigt, dass PoW und PoC in 5 von 13 getesteten Kategorien mangels beidseitiger Ausprägung nicht vergleichbar sind: Finalität, Flexible Trust, Proofmechanismus, Performance und Sicherheit. Appendix G.2 zeigt die gegenübergestellten zusammenfassenden Aussagen der qualitativen Inhaltsanalyse des Materials für die vergleichbaren Kategorien. Bei der Betrachtung von G.2 werden mehrere Aspekte deutlich:

1. c_2 benötigt verschiedene Formen spezialisierter Hardware
2. c_2 bietet höchstmögliche Fehlertoleranz
3. c_2 weist hohe Latenzen auf
4. c_2 ist permissionless
5. c_2 ist nicht auf das Vertrauen der Nutzer angewiesen
6. c_2 neigt zur Zentralisierung.

---

[8] Gemeint ist „Algorithmen des Clusters c_1"

Entsprechend der obigen Auflistung wird der zweite Archetyp als langsam, teuer und offen identifiziert. Er erhält den Namen: „The Democrat" als Synonym für offene, gleichberechtigte Strukturen, die jedoch langsam und ineffizient sind.

3.4.3   Archetyp c3: The Undecided

Abbildung 12 zeigt, dass PoA, PoET und Stellar lediglich in 5 von 13 getesteten Kategorien verglichen werden können, dies sind: Anwendungsbereich, Energieverbrauch, Performance und Permissions. Appendix G.3 zeigt die gegenübergestellten zusammenfassenden Aussagen der qualitativen Inhaltsanalyse des Materials für die vergleichbaren Kategorien. Bei der Betrachtung von G.3 werden zwei Aspekte deutlich:

1. c3 ist energiesparend
2. c3 bewegt sich zwischen den Zuständen Permissioned und Permissionless

Entsprechend der obigen Auflistung und dem Mangel an Informationen wird der dritte Archetyp als energiesparend, flexibel und unerforscht identifiziert. Er erhält den Namen: „The Undecided" als Synonym für noch unerforschtes Potenzial.

3.4.4   Archetyp c4: The Wonderchild

Abbildung 12 zeigt, dass PoS und DPoS lediglich in 8 von 13 getesteten Kategorien verglichen werden können, dies sind: Anwendungsbereich, Energieverbrauch, Fault Tolerance, Proofmechanismus, Latenz, Performance, Permissions und Skalierbarkeit. Appendix G.4 zeigt die gegenübergestellten zusammenfassenden Aussagen der qualitativen Inhaltsanalyse des Materials für die vergleichbaren Kategorien. Bei der Betrachtung von G.4 werden mehrere Aspekte deutlich:

1. c4 ist energiesparend
2. c4 bietet höchstmögliche Fehlertoleranz
3. c4 weist geringe Latenzen auf
4. c4 zeigt sehr gute Performance
5. c4 ist permissionless
6. c4 lässt sich sehr gut skalieren

Entsprechend der obigen Auflistung wird der vierte Archetyp als energiesparend, offen, performant, und skalierbar identifiziert. Er erhält den Namen: „The Wonderchild" als Synonym für eine sehr positive Ausprägung in allen untersuchten Kategorien.

4. Fazit

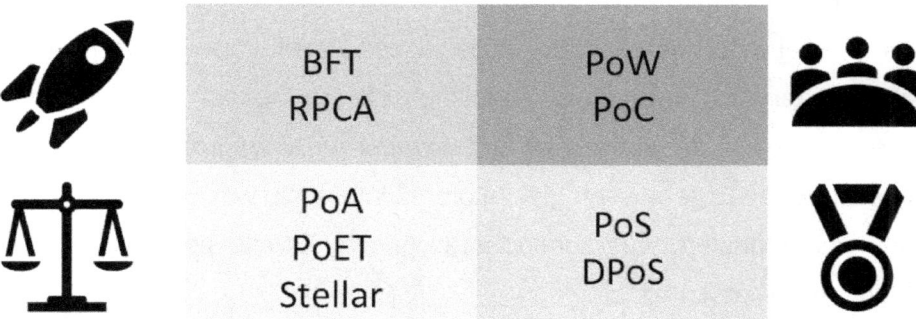

Abb. 13: Konsensalgorithmus Archetypen mit charakterisierenden Symbolen (Eigene Darstellung)

Diese Arbeit konnte unter Verwendung eines Methodenmixes aus qualitativen und quantitativen Methoden zeigen, dass Konsensalgorithmen in Cluster eingeteilt werden können, die bestimmte Eigenschaften aufweisen. Im Zuge dieser Einteilung wurden vier Archetypen gebildet:

- The Rocket
- The Democrat
- The Undecided
- The Wonderchild

Weder sind diese Archetypen als Weisheit letzter Schluss zu sehen, noch sind die gewählten Bezeichnungen Ersatz für eingehende Studie der spezifischen Eigenschaften, die zu diesen Bezeichnungen geführt haben. Sie sind lediglich Titel, die auf einen Blick deutlich machen, was die Cluster/Archetypen ausmacht und wie stark sie sich voneinander unterscheiden. Dies ist nicht der erste Versuch Konsensalgorithmen im Kontext von Blockchains in Gruppen zusammenzufassen. (Bano et al. 2017, p. 3) entwickelten im Zuge ihrer Studie die drei Kategorien PoW, PoX und Hybrid, wobei PoX alle "Proof of X" Protokolle enthält, bei denen X nicht „Work" ist. Die Gruppe „Hybrid" enthält Protokolle wie das hier ebenfalls betrachtete BFT-Protokoll. Auch wenn Bano et. al. nur drei statt der vier hier identifizierten Cluster aufspannen, lassen sich doch Parallelen ziehen. So ordnen sie PoW, BFT (in Form von Hyperledger) und PoET jeweils in unterschiedliche Gruppen ein, was sich mit dem Ergebnis dieser Arbeit deckt (vgl. Bano et al. 2017, p. 5). (Walsh et al. 2016, 4) nahmen sich sogar der Entwicklung von Archetypen an. Die Bildung ihrer Archetypen basiert mehr auf einem Top-Down Ansatz, bei dem sie für induktiv gebildete Archetypen beispielhafte Implementierungen suchten. Dieser Ansatz arbeitet in die genau entgegengesetzte Richtung, wie der hier verfolgte, wo aus den Implementationen von Konsensalgorithmen in einem Bottom-

Up Ansatz in verschiedenen Analyseschritten Archetypen generiert wurden. Die von Walsh et. al. generierten Archetypen sind: "Decentralized/Extensible, Decentralized/Inextensible, Centralized/Extensible, and Centralized/ Inextensible" (Walsh et al. 2016, p. 4). Da diese Archetypen nur in zwei statt der 13 in der vorliegenden Arbeit verwendeten Dimensionen ausgeprägt sind, lassen sich nur schwer Parallelen ziehen. Jedoch wird Bitcoin als „Decentralized/Extensible", also dezentralisiert und erweiterbar eingeordnet, was im Wesentlichen den hier gefundenen Ergebnissen gleichkommt. Weiterhin wird Ripple als zentralisiert und erweiterbar charakterisiert, was zumindest in puncto Zentralisierung deckungsgleich mit den Ergebnissen dieser Arbeit ist.

Zwar lassen sich zwischen den Ergebnissen dieser Arbeit Übereinstimmungen mit dem aktuellen Forschungsstand finden, im Großen und Ganzen sei jedoch gesagt, dass sich diese Arbeit maßgeblich vom bisherigen Forschungsstand unterscheidet. Mit einer größeren Menge an Kategorien zur Einteilung von Konsensalgorithmen und einem stringenten Bottom-Up Ansatz, bei dem jede Abstraktionseben durch die Daten aus der vorherigen Ebene fundiert wurde, konnten im Rahmen der zur Verfügung stehenden Daten qualitativ hochwertige wissenschaftliche Aussagen und Einteilungen getroffen werden. Nach Wissen des Autors lagen sie in dieser Form bisher nicht vor. Das sich auch diese Arbeit dabei nicht von Kritik freisprechen darf, ist offensichtlich.

Zunächst ist die Datenlage zu bemängeln. Wie Appendix A zeigt, ist die Datenlage für gesicherte, veröffentlichte Quellen ungenügend. Dies gefährdet den gesamten Erkenntnisgewinn und ist ein Punkt, an den zukünftige Studien mit Priorität ansetzen sollten. Hinzu kommt das starke Gewicht von Bitcoin in der aktuellen Forschung. Das Blockchain noch ein junges Forschungsfeld ist, führt bisweilen dazu, dass der Fokus der Forschungsgemeinschaft auf Bitcoin als Urvater der Blockchain Technologie liegt. Mit einer bisher beobachteten 80/20 Verteilung zwischen Bitcoin und nicht-Bitcoin Blockchain Projekten bei den veröffentlichten Studien zu Gunsten von Bitcoin wird die Untersuchung von neuen Projekten auf Basis von bestehender Literatur schwierig bis unmöglich (vgl. Yli-Huumo et al. 2016, p. 1).

Wird als Forschungsansatz der Einstig über qualitative Methoden gewählt, ist die hier verwendete qualitative Inhaltsanalyse oder mit ihr vergleichbare Verfahren kaum zu umgehen. Auf irgendeine Weise muss die Überführung von qualitativen in quantitative Daten erfolgen, um eine mathematische Auswertung der Daten zu ermöglichen. Qualitative Methoden werden oftmals aus dem „quantitativen Lager" für mutmaßliche Willkür kritisiert, die ihnen den Ruf geben, nicht wissenschaftlich zu arbeiten. Die qualitative Inhaltsanalyse setzt dieser Kritik ein strukturiertes, idealerweise replizierbares, nachvollziehbares Vorgehen entgegen, das Subjektivität ausmerzt, wo es geht (vgl. Mayring 2010, pp. 610–611). Am Ende muss eine Methode gefunden werden, die die Analyse von qualitativen Materialien (in Form von Forschungsarbeiten anderer Autoren) zulässt, um den hier verfolgten Ansatz umsetzen zu können. Ein alternatives Vorgehen wäre das physische Testen verschiedener Eigenschaften von Konsensalgorithmen wie beispielsweise von Dinh et al. (2017) gezeigt. Dieser experimentelle Ansatz liefert mit hoher Wahrscheinlichkeit verlässliche Ergebnisse, braucht jedoch auch ein hohes Maß an technischem Geschick für die korrekte Umsetzung und fordert einiges mehr an Ressourcen als der hier verfolgte Ansatz.

Der Fahrplan für zukünftige Forschungsleistungen auf diesem Feld ist damit im Wesentlichen klar. Die Qualität von Analysen, die auf der Arbeit anderer Autoren aufbauen, ist maßgeblich von der Qualität der Arbeit dieser Autoren abhängig. So alt die Forschung an Konsensalgorithmen ist, so jung ist sie im Zusammenhang mit Blockchains. Hier muss die Quellenlage sorgfältig beobachtet werden, um den richtigen Zeitpunkt zu finden, an dem eine erneute Analyse auf einer breiteren Datenbasis sinnvoll ist. Wenn sich die übrigen, bisher nicht analysierten Konsensalgorithmen in entwickelte Clustersystem einfügen würden, wäre das eine sehr starke Bestätigung der entwickelten Archetypen.

Andere interessante Ansätze, wie die Analyse von Quellcode oder das physische Testen von Eigenschaften können eine weitere interessante Perspektive auf die hier aufgestellten Archetypen bieten. Die Zeit wird zeigen, ob die entwickelten Archetypen auch bei der Konfrontation mit neuen Datenpunkten Bestand haben.

5. Literaturverzeichnis

Anwar, Hasib (2018): Consens Algorithms: The Root Of The Blockchain Technology. 101 Blockchains. Available online at https://101blockchains.com/consensus-algorithms-blockchain/, updated on 8/25/2018, checked on 11/1/2018.

Bach, L. M.; Mihaljevic, B.; Zagar, M. (2018): Comparative analysis of blockchain consensus algorithms. In Electronics and Microelectronics International Convention on Information and Communication Technology (Ed.): 2018 41st International Convention on Information and Communication Technology, Electronics and Microelectronics (MIPRO). May 21-25, 2018, Opatija, Croatia : proceedings. International Convention on Information and Communication Technology, Electronics and Microelectronics; Međunarodni skup za informacijsku i komunikacijsku tehnologiju, elektroniku i mikroelektroniku; Croatian Society for Information and Communication Technology, Electronics and Microelectronics Convention; Hrvatsko udruga za informacijsku i komunikacijsku tehnologiju, elektroniku i mikroelektroniku; MIPRO Convenion; MIPRO. [Piscataway, NJ]: IEEE, pp. 1545–1550.

Bano, Shehar; Sonnino, Alberto; Al-Bassam, Mustafa; Azouvi, Sarah; McCorry, Patrick; Meiklejohn, Sarah; Danezis, George (2017): Consensus in the Age of Blockchains. Available online at http://arxiv.org/pdf/1711.03936v2, checked on 10/9/2018.

Begicheva, A.; Kofman, A. (2018): Fair Proof of Stake. Available online at https://forum.wavesplatform.com/uploads/default/original/1X/b9f220c13f73c3a41dff7f4523c6c4a1fc03ebf6.pdf, checked on 11/2/2018.

Borge, Maria; Kokoris-Kogias, Eleftherios; Jovanovic, Philipp; Gasser, Linus; Gailly, Nicolas; Ford, Bryan (2017): Proof-of-Personhood: Redemocratizing Permissionless Cryptocurrencies. In : 2nd IEEE European Symposium on Security and Privacy Workshops. Proceedings : 29-30 April 2017, Paris, France. 2017 IEEE European Symposium on Security and Privacy: Workshops (EuroS&PW). Paris, 4/26/2017 - 4/28/2017. Los Alamitos, California, Washington, Tokyo: Conference Publishing Services, IEEE Computer Society, pp. 23–26.

Brenig, Christian; Schwarz, Jonas; Rückeshäuser, Nadine (2016): VALUE OF DECENTRALIZED CONSENSUS SYSTEMS – EVALUATION FRAMEWORK. In *Research Papers* (75). Available online at https://aisel.aisnet.org/ecis2016_rp/75, checked on 10/17/2018.

Buchman, Ethan (2016): Tendermint: Byzantine Fault Tolerance in the Age of Blockchains. Master of Applied Science, Guelph, Ontario, Canada. The University of Guelph. Available online at https://allquantor.at/blockchainbib/pdf/buchman2016tendermint.pdf, checked on 10/10/2018.

Cachin, Christian; Vukolić, Marko (2017): Blockchain Consensus Protocols in the Wild. Available online at http://arxiv.org/pdf/1707.01873v2, checked on 10/9/2017.

Chalaemwongwan, Nutthakorn; Kurutach, Werasak (2018): State of the art and challenges facing consensus protocols on blockchain. In International Conference on Information Networking (Ed.): The 32nd International Conference on Information Networking (ICOIN 2018). January 10 (Wed.)-January 12 (Fri.) 2018, Holiday Inn ChiangMai, Chiang Mai, Thailand. 2018 International Conference on Information Networking (ICOIN). Chiang Mai, Thailand, 1/10/2018 - 1/12/2018. International Conference on Information Networking; ICOIN. [Piscataway, NJ]: IEEE, pp. 957–962.

Christidis, Konstantinos; Devetsikiotis, Michael (2016): Blockchains and Smart Contracts for the Internet of Things. In *IEEE Access* 4, pp. 2292–2303. DOI: 10.1109/ACCESS.2016.2566339.

Coinmarketcap (2018): All Crypotcurrencies. Available online at https://coinmarketcap.com/all/views/all/, updated on 11/2/2018, checked on 11/2/2018.

Croman, Kyle; Decker, Christian; Eyal, Ittay; Gencer, Adem Efe; Juels, Ari; Kosba, Ahmed et al. (2016): On Scaling Decentralized Blockchains. In Jeremy Clark (Ed.): Financial cryptography and data security. FC 2016 International Workshops, BITCOIN, VOTING, and WAHC, Christ Church, Barbados, February 26 2016, revised selected papers / Jeremy Clark [and five others] (Eds.), vol. 9604. Heidelberg: Springer (LNCS sublibrary. SL4 - Security and cryptology, 9604), pp. 106–125. Available online at https://fc16.ifca.ai/bitcoin/papers/CDE+16.pdf, checked on 10/11/2018.

Davidson, Sinclair; De Filippi, Primavera; Potts, Jason (2016): Economics of Blockchain. Available online at https://papers.ssrn.com/sol3/papers.cfm?abstract_id=2744751, checked on 10/1/2019.

De Angelis, Stefano; Aniello, Leonardo; Baldoni, Roberto; Lombardi, Federico; Margheri, Andrea; Sassone, Vladimiro: PBFT vs Proof-of-Authority: PBFT vs Proof-of-Authority: Applying the CAP Theorem to Permissioned Blockchain. In : Italian Conference on Cyber Security, pp. 11–22. Available online at https://eprints.soton.ac.uk/415083/, checked on 10/3/2018.

Debus, Julian (2017): Consensus Methods in Blockchain Systems. Frankfurt School of Finance & Management, Blockchain center. Frankfurt. Available online at http://explore-ip.com/2017_Consensus-Methods-in-Blockchain-Systems.pdf, checked on 10/8/2018.

Dinh, Tien Tuan Anh; Wang, Ji; Chen, Gang; Liu, Rui; Ooi, Beng Chin; Tan, Kian-Lee (2017): BLOCKBENCH: A Framework for Analyzing Private Blockchains. In : SIGMOD '17 Proceedings of the 2017 ACM International Conference on Management of Data Pages 1085-1100. SIGMOD '17 Proceedings of the 2017 ACM International Conference on Management of Data Pages 1085-

1100. Chicago, Illinois, 14.-19.05.2017, pp. 1085–1100. Available online at http://dl.acm.org/ft_gateway.cfm?id=3064033&type=pdf, checked on 10.10.12.

Ehmke, Christopher; Wessling, Florian; Friedrich, Christoph M. (2018): Proof-of-property. In Roberto Tonelli, Giuseppe Destefanis, Steve Counsell, Michele Marchesi (Eds.): Proceedings of the 1st International Workshop on Emerging Trends in Software Engineering for Blockchain - WETSEB '18. the 1st International Workshop. Gothenburg, Sweden, 5/27/2018 - 5/27/2018. New York, New York, USA: ACM Press, pp. 48–51.

Ester, Martin; Sander, Jörg (2000): Knowledge discovery in databases. Techniken und Anwendungen. Berlin, New York: Springer.

Eyal, Ittay; Sirer, Emin Gun (2018): Majority is not Enough: Bitcoin Mining is Vulnerable. In *Communications of the ACM* 61 (7), pp. 95–102. Available online at http://arxiv.org/pdf/1311.0243v5, checked on 10/10/2018.

Glaser, Florian; Bezzenberger, Luis (2015): Beyond Cryptocurrencies - A Taxonomy of Decentralized Consensus Systems. In : ECIS 2015 completed reseaech papers. AIS Electronic Library. Available online at https://aisel.aisnet.org/ecis2015_cr/57/, checked on 17.10.18.

Gobel, J.; Krzesinski, A. E. (2017 - 2017): Increased block size and Bitcoin blockchain dynamics. In : 2017 27th International Telecommunication Networks and Applications Conference (ITNAC). 2017 27th International Telecommunication Networks and Applications Conference (ITNAC). Melbourne, VIC, 22.11.2017 - 24.11.2017: IEEE, pp. 1–6.

Gupta, Suyash; Sadoghi, Mohammad (2018): Blockchain Transaction Processing. In Sherif Sakr, Albert Zomaya (Eds.): Encyclopedia of Big Data Technologies, vol. 35. Cham: Springer International Publishing, pp. 1–11.

Hartigan, J. A.; Wong, M. A (1979): Algorithm AS 136: A K-Means Clustering Algorithm. In *Journal of the Royal Statistical Society. Series C (Applied Statistics)* 28 (1), pp. 100–108. Available online at https://www.jstor.org/stable/pdf/2346830.pdf?refreqid=excelsior%3A5d5e81b2bc7801ef49077485a007a0dc, checked on 9/29/2018.

Hartigan, John A. (1975): John A. Hartigan-Clustering Algorithms-John Wiley & Sons (1975). New York, London, Sydney, Toronto: John Wiley & Sons. Available online at http://people.inf.elte.hu/fekete/algoritmusok_msc/klaszterezes/John%20A.%20Hartigan-Clustering%20Algorithms-John%20Wiley%20&%20Sons%20(1975).pdf, checked on 9/29/2018.

Jeon, Sol; Doh, Inshil; Chae, Kijoon (2018): RMBC: Randomized mesh blockchain using DBFT consensus algorithm. In International Conference on Information Networking (Ed.): The 32nd International Conference on Information Networking (ICOIN 2018). January 10 (Wed.)-January 12 (Fri.)

2018, Holiday Inn ChiangMai, Chiang Mai, Thailand. 2018 International Conference on Information Networking (ICOIN). Chiang Mai, Thailand, 1/10/2018 - 1/12/2018. International Conference on Information Networking; ICOIN. [Piscataway, NJ]: IEEE, pp. 712–717.

Kaufman, Leonard; Rousseeuw, Peter J. (2005): Finding groups in data. An introduction to cluster analysis. Hoboken, NJ: Wiley-Interscience (Wiley series in probability and mathematical statistics). Available online at http://dx.doi.org/10.1002/9780470316801.

Kempf, Wilhelm (2010): Quantifizierung qualitativer Daten. Projektgruppe Friedensforschung Konstanz. Konstanz. Available online at http://www.regener-online.de/books/diskuss_pdf/65.pdf, checked on 9/27/2018.

Li, Kejiao; Li, Hui; Hou, Hanxu; Li, Kedan; Chen, Yongle (2017): Proof of Vote: A High-Performance Consensus Protocol Based on Vote Mechanism & Consortium Blockchain. In Esam El-Araby, IEEE International Confernce on High Performance Computing and Communications (Eds.): 2017 IEEE 19th Intl. Conference on High Performance Computing and Communications - HPCC 2017, 2017 IEEE 15th Intl. Conference on Smart City - SmartCity 2017, 2017 IEEE 3rd Intl. Conference on Data Science and Systems - DSS 2017. Bangkok, Thailand, 18-20 December 2017. Bangkok, 12/18/2017 - 12/20/2017. DSS. Piscataway, NJ: IEEE, pp. 466–473.

Luu, Loi; Narayanan, Viswesh; Zhen, Chaodon; Gilbert, Seth; Saxena, Prateek (2015): SCP: A Computationally-Scalable Byzantine Consensus Protocol For Blockchains. Edited by IACR Cryptology ePrint. Available online at https://www.weusecoins.com/assets/pdf/library/SCP%20-%20%20A%20Computationally-Scalable%20Byzantine.pdf, checked on 10/18/2018.

Mahajan, Meena; Nimbhorkar, Prajakta; Varadarajan, Kasturi (2009): The Planar k-Means Problem is NP-Hard. In Sandip Das, Ryuhei Uehara (Eds.): WALCOM algorithms and computation. Third international workshop, WALCOM 2009, Kolkata, India, February 18-20, 2009 proceedings. Berlin, New York: Springer (Lecture notes in computer science, 5431), pp. 274–285.

Mattila, Juri (2016): The Blockchain Phenomenon – The Disruptive Potential of Distributed Consensus Architectures. In *ETLA Working Papers*. Available online at https://www.researchgate.net/profile/Juri_Mattila/publication/313477689_The_Blockchain_Phenomenon_-_The_Disruptive_Potential_of_Distributed_Consensus_Architectures/links/589c31caa6fdcc754174493a/The-Blockchain-Phenomenon-The-Disruptive-Potential-of-Distributed-Consensus-Architectures.pdf, checked on 10/5/2018.

Mayring, Philipp (2010): Qualitative Inhaltsanalyse. In Günter Mey, Katja Mruck (Eds.): Handbuch Qualitative Forschung in der Psychologie. 1. Aufl. s.l.: VS Verlag für Sozialwissenschaften (GWV), 601-613.

Mayring, Philipp; Fenzl, Thomas (2014): Qualitative Inhaltsanalyse. In Nina Baur, Jörg Blasius (Eds.): Handbuch Methoden der empirischen Sozialforschung. Wiesbaden: Springer Fachmedien Wiesbaden, pp. 543–556.

Mertens, Peter (2018): Wirtschaftsinformatik. Available online at http://www.enzyklopaedie-der-wirtschaftsinformatik.de/lexikon/uebergreifendes/Disziplinen%20der%20WI/Wirtschaftsinformatik, updated on 2/12/2018, checked on 9/25/2018.

Metzger, Jochen (2018): Konsensmechanismus. Edited by Springer Fachmedien Wiesbaden GmbH. Available online at https://wirtschaftslexikon.gabler.de/definition/konsensmechanismus-54411/version-277445, updated on 2/19/2018, checked on 10/19/2018.

Mingxiao, Du; Xiaofeng, Ma; Zhang, Zhe; Wang, Xiangwei; Qijun, Chen (2017): A Review on Consensus Algorithm of Blockchain. Banff Center, Banff, Canada, October 5-8, 2017. In: 2017 IEEE International Congress on Big Data (BigData Congress). 2017 IEEE International Congress on Big Data (BigData Congress). Honolulu, HI, USA, 05.10.2017-08.10.2017: IEEE, pp. 2567–2572. Available online at http://ieeexplore.ieee.org/servlet/opac?punumber=8114675, checked on 10/8/2018.

Mukhopadhyay, Ujan; Skjellum, Anthony; Hambolu, Oluwakemi; Oakley, Jon; Yu, Lu; Brooks, Richard (2016): A brief survey of Cryptocurrency systems. In Security and Trust Annual Conference on Privacy (Ed.): 2016 14th Annual Conference on Privacy, Security and Trust (PST). 12-14 Dec. 2016. 2016 14th Annual Conference on Privacy, Security and Trust (PST). Auckland, New Zealand, 12/12/2016 - 12/14/2016. Annual Conference on Privacy, Security and Trust; Annual International Conference on Privacy, Security and Trust; Privacy, Security and Trust; PST. [Piscataway, NJ]: IEEE, pp. 745–752, checked on 10/9/2018.

Nakamoto, Satoshi (2008): Bitcoin: A Peer-to-Peer Electronic Cash System. Available online at https://bitcoin.org/bitcoin.pdf, checked on 10/1/2019.

Narayanan, Arvind (2018): Blockchains: Past, Present, and Future. In Jan van den Bussche (Ed.): PODS'18. Proceedings of the 37th ACM SIGMOD-SIGACT-SIGAI Symposium on Principles of Database Systems, June 10-15, 2018, Houston, TX, USA. the 35th ACM SIGMOD-SIGACT-SIGAI Symposium. Houston, TX, USA, 6/10/2018 - 6/15/2018. ACM SIGMOD-SIGACT-SIGART Symposium on Principles of Database Systems; PODS. New York, NY: ACM, p. 193.

Nguyen, Giang-Truong; Kim, Kyungbaek (2018): A Survey about Consensus Algorithms Used in Blockchain. In *Journal of Information Processing Systems* 14 (1), pp. 101–128. DOI: 10.3745/JIPS.01.0024.

Norman, Geoff (2010): Likert scales, levels of measurement and the "laws" of statistics. In *Advances in health sciences education: theory and practice* 15 (5), pp. 625–632. DOI: 10.1007/s10459-010-9222-y.

Ouattara, Hadja F.; Ahmat, Daouda; Ouédraogo, Fréderic T.; Bissyandé, Tegawendé F.; Sié, Oumarou (2018): Blockchain Consensus Protocols. Towards a Review of Practical Constraints for Implementation in Developing Countries. In Victor Odumuyiwa, Ojo Adegboyega, Charles Uwadia (Eds.): e-Infrastructure and e-Services for Developing Countries. Cham: Springer International Publishing (250), pp. 304–314. Available online at https://link.springer.com/book/10.1007/978-3-319-98827-6, checked on 10/18/2018.

Park, Sunoo; Pietrzak, Krzysztof; Alwen, Joel; Fuchsbauer, Georg; Gazil, Peter (2015): Spacecoin: A Cryptocurrency Based on Proofs of Space. Available online at https://pdfs.semanticscholar.org/8fa4/a782ad64bf5228e5c120e7ed00e136b4934d.pdf, checked on 10/8/2018.
Schwarz, Michael; Weiser, Samuel; Gruss, Daniel; Maurice, Clémentine; Mangard, Stefan (2017): Malware Guard Extension: Using SGX to Conceal Cache Attacks. Available online at http://arxiv.org/pdf/1702.08719v2, checked on 10/10/2018.

Tosh, Deepak; Shetty, Sachin; Foytik, Peter; Kamhoua, Charles; Njilla, Laurent (2018 - 2018): CloudPoS: A Proof-of-Stake Consensus Design for Blockchain Integrated Cloud. In: 2018 IEEE 11th International Conference on Cloud Computing (CLOUD). 2018 IEEE 11th International Conference on Cloud Computing (CLOUD). San Francisco, CA, USA, 7/2/2018 - 7/7/2018: IEEE, pp. 302–309.

Tschorsch, Florian; Scheuermann, Bjorn (2016): Bitcoin and Beyond: A Technical Survey on Decentralized Digital Currencies. In *IEEE Commun. Surv. Tutorials* 18 (3), pp. 2084–2123. DOI: 10.1109/COMST.2016.2535718.

Tseng, Lewis (2016): Recent Results on Fault-Tolerant Consensus in Message-Passing Networks. In Jukka Suomela (Ed.): Structural information and communication complexity. 23rd International Colloquium, SIROCCO 2016, Helsinki, Finland July 19-21, 2016, revised selected papers / Jukka Suomela (Ed.), vol. 9988. Cham: Springer (LNCS Sublibrary: SL1 - Theoretical Computer Science and General Issues, 9988), pp. 92–108.

Vijayalakshmi, Saravanan; Punnekkat, Sasikumar; Kothari, Dwarkadas; Chandran, Senhil Kumar (2011): A Study on Factors Influencing Power Consumption in Multithreaded and Multicore CPUs. In *WSEAS Transactions on Computers* 2011 (3/2011), 93-103. Available online at https://www.researchgate.net/publication/228576499_A_study_on_factors_influencing_power_consumption_in_multithreaded_and_multicore_CPUs, checked on 11/2/2018.

Vogl, Susanne (2017): Quantifizierung: Datentransformation von qualitativen Daten in quantitative Quantifizierung: Datentransformation von qualitativen Daten in quantitative Daten in Mixed-Methods-Studien. In *Köln Z Soziol* 69 (S2), pp. 287–312. DOI: 10.1007/s11577-017-0461-2.

Vukolic, Marko (2016): Eventually Returning to Strong Consistency. In *IEEE Data Eng. Bull.* (39), pp. 39–44. Available online at https://pdfs.semanticscholar.org/a6a1/b70305b27c556aac779fb65429db9c2e1ef2.pdf.

Vukolić, Marko (2016): The Quest for Scalable Blockchain Fabric: Proof-of-Work vs. BFT Replication. In Jan Camenisch, Doğan Kesdoğan (Eds.): Open Problems in Network Security, vol. 9591. Cham: Springer International Publishing (Lecture notes in computer science), pp. 112–125, checked on 10/10/2018.

Vukolić, Marko (2017): Rethinking Permissioned Blockchains. In Satya Lokam (Ed.): Proceedings of the ACM Workshop on Blockchain, Cryptocurrencies and Contracts. the ACM Workshop. Abu Dhabi, United Arab Emirates, 4/2/2017 - 4/2/2017. New York, NY: ACM, pp. 3–7, checked on 10/11/2018.

Walsh, Clara; OReilly, Philip; Gleasure, Rob; Feller, Joseph; Li, Shanping; Cristoforo, Jerry (2016): New kid on the block: a strategic archetypes approach to understanding the Blockchain. In *ICIS 2016 Proceedings*. Available online at https://aisel.aisnet.org/icis2016/Crowdsourcing/Presentations/6.

Xue, Tengfei; Yuan, Yuyu; Ahmed, Zahir; Moniz, Krishna; Cao, Ganyuan; Wang, Cong (2018): Proof of Contribution: A Modification of Proof of Work to Increase Mining Efficiency. In Sorel Reisman, IEEE Annual Computer Software and Applications Conference (Eds.): 2018 IEEE 42nd Annual Computer Software and Applications Conference. 23-27 July 2018, Tokyo, Japan: proceedings. 2018 IEEE 42nd Annual Computer Software and Applications Conference (COMPSAC). Tokyo, Japan, 7/23/2018 - 7/27/2018. NJ: IEEE, pp. 636–644.

Yli-Huumo, Jesse; Ko, Deokyoon; Choi, Sujin; Park, Sooyong; Smolander, Kari (2016): Where Is Current Research on Blockchain Technology?-A Systematic Review. In *PloS one* 11 (10), e0163477. DOI: 10.1371/journal.pone.0163477.

Zheng, Zibin; Xie, Shaoan; Dai, Hongning; Chen, Xiangping; Wang, Huaimin (2017): An Overview of Blockchain Technology: Architecture, Consensus, and Future Trends. In : 2017 IEEE International Congress on Big Data (BigData Congress). 2017 IEEE International Congress on Big Data (BigData Congress). Honolulu, HI, USA, 05.10.2017-08.10.2017: IEEE, pp. 557–564, checked on 10/9/2018.

Zohar, Aviv (2017): Securing and scaling cryptocurrencies. In : Proceedings of the Twenty-Sixth International Joint Conference on Artificial Intelligence. Proceedings of the Twenty-Sixth International Joint Conference on Artificial Intelligence. Melbourne, 19.-25.08.2017. International Joint Conferences on Artificial Intelligence Organization, pp. 5161–5165. Available online at https://www.ijcai.org/proceedings/2017/742, checked on 10/11/2017.

Appendix

Appendix A – Einordnung untersuchter Materialien

Untersuchte wissenschaftliche Journale

European Journal of Information Systems	0 Ergebnisse
Information Systems Journal	0 Ergebnisse
Information Systems Research	0 Ergebnisse
Journal of AIS	0 Ergebnisse
Journal of Information Technology	0 Ergebnisse
Journal of MIS	0 Ergebnisse
Journal of Strategic Information Systems	0 Ergebnisse
MIS Quarterly	0 Ergebnisse
IEEE Data Engineering Bulletin	1 Ergebnis
Journal of Information Processing System	1 Ergebnis

Untersuchte Konferenzen

International Conference on Computational Science/ Intelligence & Applied Informatics	*kein Zugriff*
Annual Conference on Privacy, Security and Trust (PST)	1 Ergebnis
International Conference on Systems, Man, and Cybernetics (SMC)	1 Ergebnis
International Telecommunication Networks and Applications Conference	1 Ergebnis
International Conference on Information Systems (ICIS)	2 Ergebnisse
Pacific Asia Conference on Information Systems (PACIS)	0 Ergebnisse
European Conference on Information Systems (ECIS)	1 Ergebnis
International Conference on Cloud Computing (CLOUD)	1 Ergebnis
International Conference on Information Networking (ICOIN)	1 Ergebnisse[9]
European Dependable Computing Conference (EDCC)	1 Ergebnis
International Convention on Information and Communication Technology, Electronics and Microelectronics (MIPRO)	1 Ergebnis
International Congress on Big Data (BigData Congress)	1 Ergebnis
Annual Computer Software and Applications Conference	0 Ergebnisse
Financial Cryptography and Data Security (FC)	1 Ergebnis
ACM Asia Conference on Computer and Communications Security	1 Ergebnis
International Conference on Mobile Systems, Applications, and Services	0 Ergebnisse
International Conference on Software Engineering	0 Ergebnisse
International Conference on Management of Data (SIGMOID)	1 Ergebnis[10]
Italian Conference on Cyber Security	1 Ergebnis
International Joint Conferences on Artificial Intelligence (IJCAI)	1 Ergebnis
International Colloquium on Structural Information and Communication Complexity	1 Ergebnis
IEEE Communications Surveys & Tutorials	1 Ergebnis

---

[9] Zwar wäre Jeon et al. 2018 ein weiteres durchaus interessantes Material gewesen. Aufgrund der großen Mengel falscher Darstellungen muss diese Arbeit jedoch von der Analyse ausgenommen werden.

[10] Auf ein weiteres, möglicherweise interessantes Material konnte nicht zugegriffen werden: Narayanan 2018.

Untersuchte weitere Literatur[12]

Titel	Referenz
SCP: A Computationally-Scalable Byzantine Consensus Protocol For Blockchains	(Luu et al. 2015)
Bitcoin: A Peer-to-Peer Electronic Cash System	(Nakamoto 2008)
Spacecoin: A Cryptocurrency Based on Proofs of Space	(Park et al. 2015)
Consensus Methods in Blockchain Systems	(Debus 2017)
Blockchain Consensus Protocols in the Wild	(Cachin and Vukolić 2017)
The Blockchain Phenomenon – The Disruptive Potential of Distributed Consensus Architectures	(Mattila 2016)
Economics of Blockchain	(Davidson et al. 2016)
The Quest for Scalable Blockchain Fabric: Proof-of-Work vs. BFT Replication	(Vukolić 2016)
Blockchains and Smart Contracts for the Internet of Things	(Christidis and Devetsikiotis 2016)
Consensus in the Age of Blockchains	(Bano et al. 2017)
Tendermint: Byzantine Fault Tolerance in the Age of Blockchains	(Buchman 2016)
Blockchain Transaction Processing	(Gupta and Sadoghi 2018)

---

[11] Zwar wäre Ouattara et al. 2018 ein weiteres durchaus interessantes Material gewesen. Aufgrund der großen Mengel falscher Darstellungen muss diese Arbeit jedoch von der Analyse ausgenommen werden.

[12] Die in dieser Arbeit verwendete weitere Literatur erhält ihre Legitimation dadurch, dass sie in Arbeiten, die auf Konferenzen vorgestellt wurden zitiert bzw. verwendet wurden oder selbst auf Konferenzen vorgestellt wurden.

Appendix B – Induktive Bildung von Kategorien

Die Materialien wurden von folgendem Schlüssel kodiert:

X1	Securing and scaling cryptocurrencies (Zohar 2017)
X2	Rethinking Permissioned Blockchains (Vukolić 2017)
X3	A brief survey of Cryptocurrency systems (Mukhopadhyay et al. 2016)
X4	An Overview of Blockchain Technology (Zheng et al. 2017)
X5	A Review on Consensus Algorithm of Blockchain (Mingxiao et al. 2017)
X6	BLOCKBENCH: A Framework for Analyzing Private Blockchains (Dinh et al. 2017)
X7	Blockchains and Smart Contracts for the Internet of Things (Christidis and Devetsikiotis 2016)
X8	A Survey about Consensus Algorithms Used in Blockchain (Nguyen and Kim 2018)
X9	Bitcoin and Beyond (Tschorsch and Scheuermann 2016)
X10	Majority is not Enough: Bitcoin Mining is Vulnerable (Eyal and Sirer 2018)
X11	The Quest for Scalable Blockchain Fabric: Proof-of-Work vs. BFT Replication (Vukolić 2016)
X12	On Scaling Decentralized Blockchains (Croman et al. 2016)
X13	Spacecoin: A Cryptocurrency Based on Proofs of Space (Park et al. 2015)
X14	Tendermint: Byzantine Fault Tolerance in the Age of Blockchains (Buchman 2016)
X15	The Blockchain Phenomenon (Mattila 2016)
X16	Bitcoin: A Peer-to-Peer Electronic Cash System (Nakamoto 2008)
X17	Consensus Methods in Blockchain Systems (Debus 2017)
X18	Consensus in the Age of Blockchains (Bano et al. 2017)
X19	Blockchain Consensus Protocols in the Wild (Cachin and Vukolić 2017)
X20	Economics of Blockchain (Davidson et al. 2016)
X21	Recent Results on Fault-Tolerant Consensus in Message-Passing Networks (Tseng 2016)
X22	PBFT vs Proof-of-Authority (De Angelis et al.)
X23	VALUE OF DECENTRALIZED CONSENSUS SYSTEMS – EVALUATION FRAMEWORK (Brenig et al. 2016)
X24	Eventually Returning to Strong Consistency (Vukolic 2016)
X25	Increased block size and Bitcoin blockchain dynamics (Gobel and Krzesinski 2017 - 2017)
X26	New kid on the block (Walsh et al. 2016)
X27	CloudPoS: A Proof-of-Stake Consensus Design for Blockchain Integrated Cloud (Tosh et al. 2018 - 2018)
X28	State of the Art and Challenges Facing Consensus Protocols on Blockchain (Chalaemwongwan and Kurutach 2018)
X29	Comparative analysis of blockchain consensus algorithms (Bach et al. 2018)
X30	SCP: A Computationally-Scalable Byzantine Consensus Protocol for Blockchains (Tosh et al. 2018 - 2018)
X31	Blockchain Transaction Processing (Gupta and Sadoghi 2018)

X1	PoW	BTC	ETH	LTC	PoS	DPoS	LPoS	PoA	PoBu	PoC/PoS/PoR	PoBa	PoET	PoV	RPCA	Stellar	BFT
Anwendungsbereich		1														
ASIC-Resistance																
Bandwith Usage																
Blockchaingröße																
Energieverbrauch																
Fault Tolerance		1														
Finalität																
Flexible Trust																
Proofmechanismus																
Latenz																
Mining Hardware																
Performance (TPS)		1														
Permissions		1														
Privacy																
Sicherheit																
Skalierbarkeit																
Smart Contracts																
Turing Complete																
TX Cost																
Vertragsvollständigkeit																
Vertrauenserfordernis																
Zentralisierungstendenz																

X2	PoW	BTC	ETH	LTC	PoS	DPoS	LPoS	PoA	PoBu	PoC/PoS/PoR	PoBa	PoET	PoV	RPCA	Stellar	BFT
Anwendungsbereich																
ASIC-Resistance																
Bandwith Usage																
Blockchaingröße																
Energieverbrauch																
Fault Tolerance																1
Finalität																
Flexible Trust																
Proofmechanismus																
Latenz																
Mining Hardware																
Performance																
Permissions		1	1													1
Privacy																
Sicherheit																
Skalierbarkeit																
Smart Contracts																
Turing Complete																
TX Cost																
Vertragsvollständigkeit																
Vertrauenserfordernis																
Zentralisierungstendenz																

X3	PoW	BTC	ETH	LTC	PoS	DPoS	LPoS	PoA	PoBu	PoC/PoS/PoR	PoBa	PoET	PoV	RPCA	Stellar	BFT
Anwendungsbereich																
ASIC-Resistance			1													
Bandwith Usage																
Blockchaingröße																
Energieverbrauch					1											
Fault Tolerance																
Finalität																
Flexible Trust																
Proofmechanismus		1	1	1												
Latenz																
Mining Hardware		1	1	1						1						
Performance																
Permissions																
Privacy																
Sicherheit																
Skalierbarkeit																
Smart Contracts																
Turing Complete																
TX Cost																
Vertragsvollständigkeit																
Vertrauenserfordernis														1		
Zentralisierungstendenz																

X4	PoW	BTC	ETH	LTC	PoS	DPoS	LPoS	PoA	PoBu	PoC/PoS/PoR	PoBa	PoET	PoV	RPCA	Stellar	BFT
Anwendungsbereich																
ASIC-Resistance																
Bandwith Usage																
Blockchaingröße																
Energieverbrauch	1	1			1	1								1	1	1
Fault Tolerance	1	1			1	1								1	1	1
Finalität																
Flexible Trust						1									1	
Proofmechanismus		1														1
Latenz		1														
Mining Hardware																
Performance		1				1										
Permissions	1				1	1								1	1	1
Privacy																
Sicherheit																
Skalierbarkeit		1			1											
Smart Contracts						1										
Turing Complete																
TX Cost																
Vertragsvollständigkeit																
Vertrauenserfordernis																
Zentralisierungstendenz		1														

X5	PoW	BTC	ETH	LTC	PoS	DPoS	LPoS	PoA	PoBu	PoC/PoS/PoR	PoBa	PoET	PoV	RPCA	Stellar	BFT
Anwendungsbereich																
ASIC-Resistance																
Bandwith Usage																
Blockchaingröße																
Energieverbrauch	1				1	1										
Fault Tolerance	1	1			1	1										1
Finalität	1				1	1										
Flexible Trust						1										
Proofmechanismus	1	1			1											1
Latenz	1	1			1	1										1
Mining Hardware	1	1														
Performance	1				1	1										1
Permissions																1
Privacy																1
Sicherheit																
Skalierbarkeit	1				1	1										1
Smart Contracts																
Turing Complete																
TX Cost																
Vertragsvollständigkeit																
Vertrauenserfordernis	1				1	1										1
Zentralisierungstendenz	1				1											

X6	PoW	BTC	ETH	LTC	PoS	DPoS	LPoS	PoA	PoBu	PoC/PoS/PoR	PoBa	PoET	PoV	RPCA	Stellar	BFT
Anwendungsbereich	1	1	1		1			1				1		1	1	1
ASIC-Resistance																
Bandwith Usage			1					1								1
Blockchaingröße																
Energieverbrauch	1	1	1		1											
Fault Tolerance	1	1														1
Finalität	1															1
Flexible Trust																
Proofmechanismus	1		1													1
Latenz			1					1								1
Mining Hardware			1													
Performance	1	1	1					1						1		1
Permissions	1							1						1		1
Privacy																
Sicherheit																
Skalierbarkeit			1					1								1
Smart Contracts	1	1	1		1			1				1		1	1	1
Turing Complete			1													
TX Cost																
Vertragsvollständigkeit								1								
Vertrauenserfordernis																1
Zentralisierungstendenz																

X7	PoW	BTC	ETH	LTC	PoS	DPoS	LPoS	PoA	PoBu	PoC/PoS/PoR	PoBa	PoET	PoV	RPCA	Stellar	BFT
Anwendungsbereich		1														
ASIC-Resistance																
Bandwith Usage																
Blockchaingröße																
Energieverbrauch	1	1			1											
Fault Tolerance														1		1
Finalität	1															
Flexible Trust																
Proofmechanismus	1	1														
Latenz																
Mining Hardware																
Performance																
Permissions																1
Privacy																
Sicherheit																
Skalierbarkeit																
Smart Contracts		1														
Turing Complete																
TX Cost																
Vertragsvollständigkeit																
Vertrauenserfordernis																
Zentralisierungstendenz																

X8	PoW	BTC	ETH	LTC	PoS	DPoS	LPoS	PoA	PoBu	PoC/PoS/PoR	PoBa	PoET	PoV	RPCA	Stellar	BFT
Anwendungsbereich																
ASIC-Resistance																
Bandwith Usage																
Blockchaingröße																
Energieverbrauch	1				1											
Fault Tolerance	1													1		1
Finalität	1	1			1											
Flexible Trust							1									
Proofmechanismus	1															
Latenz	1															
Mining Hardware	1				1					1						
Performance	1				1											
Permissions	1	1	1		1	1	1	1	1	1	1	1	1	1	1	1
Privacy																
Sicherheit	1				1	1	1	1	1	1	1	1	1	1	1	1
Skalierbarkeit	1				1	1	1	1	1	1	1	1	1	1	1	1
Smart Contracts																
Turing Complete																
TX Cost																
Vertragsvollständigkeit																
Vertrauenserfordernis	1				1	1	1	1	1	1	1	1	1	1	1	1
Zentralisierungstendenz	1				1	1	1	1	1	1	1	1	1	1	1	1

X9	PoW	BTC	ETH	LTC	PoS	DPoS	LPoS	PoA	PoBu	PoC/PoS/PoR	PoBa	PoET	PoV	RPCA	Stellar	BFT
Anwendungsbereich																
ASIC-Resistance				1												
Bandwith Usage																
Blockchaingröße																
Energieverbrauch		1			1											
Fault Tolerance														1		1
Finalität		1														
Flexible Trust																
Proofmechanismus		1														
Latenz		1														
Mining Hardware		1		1												
Performance		1														
Permissions																
Privacy		1														
Sicherheit																
Skalierbarkeit		1														
Smart Contracts			1													
Turing Complete			1													
TX Cost																
Vertragsvollständigkeit																
Vertrauenserfordernis																
Zentralisierungstendenz		1														

X10	PoW	BTC	ETH	LTC	PoS	DPoS	LPoS	PoA	PoBu	PoC/PoS/PoR	PoBa	PoET	PoV	RPCA	Stellar	BFT
Anwendungsbereich																
ASIC-Resistance																
Bandwith Usage																
Blockchaingröße																
Energieverbrauch																
Fault Tolerance		1														
Finalität		1														
Flexible Trust																
Proofmechanismus																
Latenz																
Mining Hardware																
Performance																
Permissions																
Privacy																
Sicherheit																
Skalierbarkeit																
Smart Contracts																
Turing Complete																
TX Cost																
Vertragsvollständigkeit																
Vertrauenserfordernis																
Zentralisierungstendenz		1														

X11	PoW	BTC	ETH	LTC	PoS	DPoS	LPoS	PoA	PoBu	PoC/PoS/PoR	PoBa	PoET	PoV	RPCA	Stellar	BFT
Anwendungsbereich																
ASIC-Resistance																
Bandwith Usage																
Blockchaingröße																
Energieverbrauch	1	1														1
Fault Tolerance	1															1
Finalität	1															1
Flexible Trust																
Proofmechanismus		1														
Latenz		1														1
Mining Hardware																
Performance	1															1
Permissions	1															1
Privacy																
Sicherheit																
Skalierbarkeit	1															1
Smart Contracts			1													
Turing Complete			1													
TX Cost																
Vertragsvollständigkeit																
Vertrauenserfordernis	1															1
Zentralisierungstendenz	1	1	1													

X12	PoW	BTC	ETH	LTC	PoS	DPoS	LPoS	PoA	PoBu	PoC/PoS/PoR	PoBa	PoET	PoV	RPCA	Stellar	BFT
Anwendungsbereich																
ASIC-Resistance																
Bandwith Usage																
Blockchaingröße																
Energieverbrauch																
Fault Tolerance																
Finalität																
Flexible Trust																
Proofmechanismus																
Latenz		1														1
Mining Hardware		1														
Performance		1														1
Permissions																
Privacy																
Sicherheit																
Skalierbarkeit																1
Smart Contracts																
Turing Complete																
TX Cost																
Vertragsvollständigkeit																
Vertrauenserfordernis																
Zentralisierungstendenz																

X13	PoW	BTC	ETH	LTC	PoS	DPoS	LPoS	PoA	PoBu	PoC/PoS/PoR	PoBa	PoET	PoV	RPCA	Stellar	BFT
Anwendungsbereich																
ASIC-Resistance																
Bandwith Usage																
Blockchaingröße																
Energieverbrauch		1														
Fault Tolerance										1						
Finalität		1														
Flexible Trust																
Proofmechanismus																
Latenz		1														
Mining Hardware		1								1						
Performance																
Permissions																
Privacy																
Sicherheit																
Skalierbarkeit																
Smart Contracts																
Turing Complete																
TX Cost																
Vertragsvollständigkeit																
Vertrauenserfordernis																
Zentralisierungstendenz																

X14	PoW	BTC	ETH	LTC	PoS	DPoS	LPoS	PoA	PoBu	PoC/PoS/PoR	PoBa	PoET	PoV	RPCA	Stellar	BFT
Anwendungsbereich																
ASIC-Resistance																
Bandwith Usage																
Blockchaingröße																
Energieverbrauch					1											
Fault Tolerance																1
Finalität																
Flexible Trust																
Proofmechanismus																
Latenz																1
Mining Hardware																
Performance		1														1
Permissions																
Privacy																
Sicherheit																
Skalierbarkeit																1
Smart Contracts			1													
Turing Complete			1													
TX Cost																
Vertragsvollständigkeit																
Vertrauenserfordernis																
Zentralisierungstendenz																

X15	PoW	BTC	ETH	LTC	PoS	DPoS	LPoS	PoA	PoBu	PoC/PoS/PoR	PoBa	PoET	PoV	RPCA	Stellar	BFT
Anwendungsbereich		1	1													1
ASIC-Resistance																
Bandwith Usage																
Blockchaingröße																
Energieverbrauch	1	1	1	1	1	1			1	1						1
Fault Tolerance																
Finalität																
Flexible Trust																
Proofmechanismus																
Latenz		1	1		1				1	1				1		1
Mining Hardware	1			1						1						
Performance		1	1													1
Permissions																
Privacy																
Sicherheit																
Skalierbarkeit	1	1	1	1	1				1					1		1
Smart Contracts																
Turing Complete																
TX Cost																
Vertragsvollständigkeit																
Vertrauenserfordernis																
Zentralisierungstendenz																

X16	PoW	BTC	ETH	LTC	PoS	DPoS	LPoS	PoA	PoBu	PoC/PoS/PoR	PoBa	PoET	PoV	RPCA	Stellar	BFT
Anwendungsbereich																
ASIC-Resistance																
Bandwith Usage																
Blockchaingröße		1														
Energieverbrauch		1														
Fault Tolerance																
Finalität																
Flexible Trust																
Proofmechanismus																
Latenz																
Mining Hardware		1														
Performance																
Permissions																
Privacy																
Sicherheit		1														
Skalierbarkeit																
Smart Contracts																
Turing Complete																
TX Cost																
Vertragsvollständigkeit																
Vertrauenserfordernis																
Zentralisierungstendenz																

X17	PoW	BTC	ETH	LTC	PoS	DPoS	LPoS	PoA	PoBu	PoC/PoS/PoR	PoBa	PoET	PoV	RPCA	Stellar	BFT
Anwendungsbereich																
ASIC-Resistance																
Bandwith Usage																
Blockchaingröße																
Energieverbrauch		1			1											1
Fault Tolerance														1		
Finalität	1	1			1									1		
Flexible Trust	1					1										1
Proofmechanismus		1			1											1
Latenz	1															
Mining Hardware		1	1		1					1	1					1
Performance	1															1
Permissions																
Privacy																
Sicherheit	1				1											
Skalierbarkeit	1				1									1	1	1
Smart Contracts																
Turing Complete																
TX Cost		1			1											
Vertragsvollständigkeit																
Vertrauenserfordernis														1		
Zentralisierungstendenz														1		

X18	PoW	BTC	ETH	LTC	PoS	DPoS	LPoS	PoA	PoBu	PoC/PoS/PoR	PoBa	PoET	PoV	RPCA	Stellar	BFT
Anwendungsbereich																
ASIC-Resistance																
Bandwith Usage																
Blockchaingröße																
Energieverbrauch	1															
Fault Tolerance	1									1		1				1
Finalität	1	1								1		1				
Flexible Trust																
Proofmechanismus	1	1														1
Latenz	1				1											
Mining Hardware										1		1				
Performance	1	1			1							1				
Permissions	1	1														1
Privacy																
Sicherheit																
Skalierbarkeit																1
Smart Contracts																1
Turing Complete																
TX Cost																
Vertragsvollständigkeit																
Vertrauenserfordernis												1				1
Zentralisierungstendenz	1	1								1						

X19	PoW	BTC	ETH	LTC	PoS	DPoS	LPoS	PoA	PoBu	PoC/PoS/PoR	PoBa	PoET	PoV	RPCA	Stellar	BFT
Anwendungsbereich																
ASIC-Resistance																
Bandwith Usage																
Blockchaingröße																
Energieverbrauch												1				
Fault Tolerance																1
Finalität																
Flexible Trust														1	1	
Proofmechanismus	1													1		
Latenz														1		
Mining Hardware												1				1
Performance														1		1
Permissions												1		1		
Privacy																
Sicherheit																
Skalierbarkeit																1
Smart Contracts																
Turing Complete																
TX Cost																
Vertragsvollständigkeit																
Vertrauenserfordernis												1		1		
Zentralisierungstendenz														1	1	

X20	PoW	BTC	ETH	LTC	PoS	DPoS	LPoS	PoA	PoBu	PoC/PoS/PoR	PoBa	PoET	PoV	RPCA	Stellar	BFT
Anwendungsbereich		1	1													
ASIC-Resistance																
Bandwith Usage																
Blockchaingröße																
Energieverbrauch																
Fault Tolerance																
Finalität																
Flexible Trust																
Proofmechanismus																
Latenz		1														
Mining Hardware																
Performance	1	1														
Permissions																
Privacy																
Sicherheit																
Skalierbarkeit																1
Smart Contracts	1		1													
Turing Complete		1														
TX Cost																
Vertragsvollständigkeit																
Vertrauenserfordernis			1													
Zentralisierungstendenz		1														

X21	PoW	BTC	ETH	LTC	PoS	DPoS	LPoS	PoA	PoBu	PoC/PoS/PoR	PoBa	PoET	PoV	RPCA	Stellar	BFT
Anwendungsbereich																
ASIC-Resistance																
Bandwith Usage																
Blockchaingröße																
Energieverbrauch	1	1	1													
Fault Tolerance																
Finalität																
Flexible Trust																
Proofmechanismus	1	1	1													
Latenz																
Mining Hardware																
Performance	1															
Permissions	1	1	1													
Privacy																
Sicherheit	1															
Skalierbarkeit																
Smart Contracts																
Turing Complete																
TX Cost																
Vertragsvollständigkeit																
Vertrauenserfordernis																
Zentralisierungstendenz																

X22	PoW	BTC	ETH	LTC	PoS	DPoS	LPoS	PoA	PoBu	PoC/PoS/PoR	PoBa	PoET	PoV	RPCA	Stellar	BFT
Anwendungsbereich																
ASIC-Resistance																
Bandwith Usage																
Blockchaingröße																
Energieverbrauch	1															
Fault Tolerance																1
Finalität	1							1								1
Flexible Trust																
Proofmechanismus	1							1								1
Latenz								1								1
Mining Hardware																
Performance	1							1								1
Permissions	1	1	1					1								1
Privacy	1															
Sicherheit	1															
Skalierbarkeit																
Smart Contracts		1	1													
Turing Complete																
TX Cost																
Vertragsvollständigkeit																
Vertrauenserfordernis																
Zentralisierungstendenz																

X23	PoW	BTC	ETH	LTC	PoS	DPoS	LPoS	PoA	PoBu	PoC/PoS/PoR	PoBa	PoET	PoV	RPCA	Stellar	BFT
Anwendungsbereich		1		1												
ASIC-Resistance																
Bandwith Usage																
Blockchaingröße																
Energieverbrauch	1															
Fault Tolerance																
Finalität																
Flexible Trust																
Proofmechanismus																
Latenz																
Mining Hardware																
Performance																
Permissions																
Privacy																
Sicherheit																
Skalierbarkeit																
Smart Contracts																
Turing Complete			1													
TX Cost																
Vertragsvollständigkeit																
Vertrauenserfordernis																
Zentralisierungstendenz																

X24	PoW	BTC	ETH	LTC	PoS	DPoS	LPoS	PoA	PoBu	PoC/PoS/PoR	PoBa	PoET	PoV	RPCA	Stellar	BFT
Anwendungsbereich																
ASIC-Resistance																
Bandwith Usage																
Blockchaingröße																
Energieverbrauch	1															
Fault Tolerance																
Finalität	1													1		1
Flexible Trust																
Proofmechanismus																
Latenz																
Mining Hardware																
Performance																
Permissions																
Privacy																
Sicherheit																
Skalierbarkeit	1															1
Smart Contracts																
Turing Complete																
TX Cost																
Vertragsvollständigkeit																
Vertrauenserfordernis																
Zentralisierungstendenz																

X25	PoW	BTC	ETH	LTC	PoS	DPoS	LPoS	PoA	PoBu	PoC/PoS/PoR	PoBa	PoET	PoV	RPCA	Stellar	BFT
Anwendungsbereich																
ASIC-Resistance																
Bandwith Usage																
Blockchaingröße																
Energieverbrauch																
Fault Tolerance																
Finalität		1														
Flexible Trust																
Proofmechanismus		1														
Latenz																
Mining Hardware																
Performance		1	1													
Permissions																
Privacy																
Sicherheit																
Skalierbarkeit																
Smart Contracts			1													
Turing Complete			1													
TX Cost																
Vertragsvollständigkeit																
Vertrauenserfordernis																
Zentralisierungstendenz																

X26	PoW	BTC	ETH	LTC	PoS	DPoS	LPoS	PoA	PoBu	PoC/PoS/PoR	PoBa	PoET	PoV	RPCA	Stellar	BFT
Anwendungsbereich																
ASIC-Resistance																
Bandwith Usage																
Blockchaingröße																
Energieverbrauch	1													1		
Fault Tolerance																
Finalität																
Flexible Trust																
Proofmechanismus																
Latenz		1												1		
Mining Hardware																
Performance																
Permissions		1												1		
Privacy		1												1		
Sicherheit																
Skalierbarkeit		1												1		
Smart Contracts		1														
Turing Complete		1														
TX Cost																
Vertragsvollständigkeit																
Vertrauenserfordernis																
Zentralisierungstendenz		1														

X27	PoW	BTC	ETH	LTC	PoS	DPoS	LPoS	PoA	PoBu	PoC/PoS/PoR	PoBa	PoET	PoV	RPCA	Stellar	BFT
Anwendungsbereich																
ASIC-Resistance			1													
Bandwith Usage																
Blockchaingröße																
Energieverbrauch																
Fault Tolerance																
Finalität																
Flexible Trust																
Proofmechanismus																
Latenz	1															
Mining Hardware																
Performance																
Permissions																1
Privacy																
Sicherheit																
Skalierbarkeit	1	1	1													
Smart Contracts																
Turing Complete																
TX Cost																
Vertragsvollständigkeit																
Vertrauenserfordernis																
Zentralisierungstendenz																

X28	PoW	BTC	ETH	LTC	PoS	DPoS	LPoS	PoA	PoBu	PoC/PoS/PoR	PoBa	PoET	PoV	RPCA	Stellar	BFT
Anwendungsbereich	1				1	1		1	1	1		1		1		1
ASIC-Resistance																
Bandwith Usage																
Blockchaingröße																
Energieverbrauch	1				1	1		1	1	1		1		1		1
Fault Tolerance																
Finalität																
Flexible Trust																
Proofmechanismus	1															
Latenz																
Mining Hardware																
Performance																
Permissions																
Privacy																
Sicherheit																
Skalierbarkeit																
Smart Contracts																
Turing Complete																
TX Cost																
Vertragsvollständigkeit																
Vertrauenserfordernis																
Zentralisierungstendenz																

X29	PoW	BTC	ETH	LTC	PoS	DPoS	LPoS	PoA	PoBu	PoC/PoS/PoR	PoBa	PoET	PoV	RPCA	Stellar	BFT
Anwendungsbereich																
ASIC-Resistance																
Bandwith Usage																
Blockchaingröße																
Energieverbrauch	1	1	1		1	1								1	1	1
Fault Tolerance																
Finalität																
Flexible Trust																
Proofmechanismus																
Latenz																
Mining Hardware																
Performance	1				1	1								1	1	1
Permissions																
Privacy																
Sicherheit																
Skalierbarkeit																
Smart Contracts																
Turing Complete																
TX Cost																
Vertragsvollständigkeit																
Vertrauenserfordernis																
Zentralisierungstendenz																

X30	PoW	BTC	ETH	LTC	PoS	DPoS	LPoS	PoA	PoBu	PoC/PoS/PoR	PoBa	PoET	PoV	RPCA	Stellar	BFT
Anwendungsbereich																
ASIC-Resistance																
Bandwith Usage																
Blockchaingröße																
Energieverbrauch																
Fault Tolerance																
Finalität																
Flexible Trust																
Proofmechanismus																1
Latenz																
Mining Hardware																
Performance																
Permissions																
Privacy																
Sicherheit																
Skalierbarkeit		1														
Smart Contracts																
Turing Complete																
TX Cost																
Vertragsvollständigkeit																
Vertrauenserfordernis																
Zentralisierungstendenz																

X31	PoW	BTC	ETH	LTC	PoS	DPoS	LPoS	PoA	PoBu	PoC/PoS/PoR	PoBa	PoET	PoV	RPCA	Stellar	BFT
Anwendungsbereich																
ASIC-Resistance			1													
Bandwith Usage																
Blockchaingröße																
Energieverbrauch	1									1						
Fault Tolerance	1															
Finalität	1															
Flexible Trust														1		
Proofmechanismus																
Latenz																
Mining Hardware																
Performance																
Permissions								1								
Privacy																
Sicherheit																
Skalierbarkeit																
Smart Contracts			1													
Turing Complete																
TX Cost																
Vertragsvollständigkeit																
Vertrauenserfordernis																
Zentralisierungstendenz																

Appendix C – Bestimmung von Merkmalsausprägungen von Konsensalgorithmen

PoW	Anwendungsbereich	Energieverbrauch	Fault Tolerance	Finalität	Flexible Trust	Proofmechanismus	Latenz	Mining Hardware	Performance	Permissions	Sicherheit	Skalierbarkeit	Smart Contracts	Vertrauenserfordernis	Zentralisierungstendenz
X1			Bitcoin zu 50% Fault Tolerant. S5161						Bitcoin Block Intervall 10 min. 3-4 TP/s. S5162 PoW Langsame Konfirmationszeiten und hohe Latenzen. S5163	Nakamotos (Bitcoin) Arbeit wird damit assoziiert, wie Konsens in permissionless System erreicht werden kann. S5161					
X2										Bitcoin, Ethereum sind permissionless. S3					
X3						Bitcoin Hashing mit SHA256. S4 Litecoin Hashing mit Scrypt. S4 Ethereum Hashing mit EtHash. Ethereum ist PoW. S4		Bitcoin ASIC Miner. S4 Scrypt (LTC) ist Memory, statt CPU Intensiv. S.4 EtHash ASIC Resistent (daher GPU Mining). S4							
X4		PoW wastes too much electricity. S557 Nicht energiesparend. S560	Fault Tolerant bis 25% der Rechenleistung des Netzwerkes. S560			Hashing. S560			Bitcoin 7TP/s. S557	PoW besitzt eine offene, permissionless Struktur. S560	Unter der Annahme, dass PoW Permissionless ist: Sehr hohe Sicherheit. S559	Skalierbarkeit ist schwierig. S557			Zentralisierung aufgrund großer Blockchain, deren Speicherung nicht jeder Nutzer leisten kann/will. S557 Blockchain dezentralisiert designt, der Trend geht jedoch zur Zentralisierung in Miningpools. S563

X5	**Bitcoin** Transaktion von Währungseinheiten (Zuständen des Netzwerkes). S1086	PoW hat die Schwäche zu verschwenden (sowohl Elektrizität als auch Ressourcen für ASICs). S2570	50% (Hashing Power). S2570	"Branches" können auftreten. S2571	Hashing. S2568	Langsame Transaktions-Verifikationszeiten. >100 Sekunden. S2570	Speziell Mining Hardware (nicht weiter spezifiziert) S2568 + S2570	<100 TP/s. S2570			Skalierbarkeit stark. S2570			Zentralisierung in Form von Konzentration von Hashingpower. S2570 / Miningpools zentralisieren Hashing Power. S2571
X6	Aufgrund des hohen Energieverbrauchs nicht in Banking und Finance einsetzbar. S1087 / **Ethereum**: Smart Contract, Crypto Currency	Hoher Energieverbrauch. S1087 / Energieverschwendung für "nicht sinnvolle" Arbeit. S1087	**Bitcoin** Angriffsvektoren mit 25% Hashrate wurden demonstriert, daher Fault Tolerance von2 5%. S1087 / **PoW** bereits ab 25% Angreifbar.	Forks können auftreten und nur durch weitere Regel wie das Folgen der längsten Kette beseitigt werden. S1087	PoW is CPU bound. S1095	**Ethereum**: ca. 100s	CPU Gebunden. S1092	**Bitcoin**: 7 TP/s. S1087 / **Ethereum** (tested): 255 TP/s			**Ethereum**: Performance fällt linear ab bei Skalierung über 8 Server / Nodes	**Ethereum** Smart Contracts. S1087		
X7	"Bitcoin Style Blockchain": Transaktionen zwischen sich nicht vertrauenden Parteien. S2297	**Bitcoin**: "making mining computationally expensive." S2294		"A Fork may still happen on the network..." S.2294	Bitcoin basiert auf mehrfachem SHA256 Hashing. S2294								Nicht erforderlich. S2297	
X8		Computation intensive. S102 / Nicht energieeffizient. S112	Fault Tolerant bis 50% der Rechenleistung im Netzwerk bei einem potentiellen Angreifer konzentriert sind. S108	This work leads to the forking problem: in the verifying network, there are different chains of blocks. S107 + 112	Hashing to Proof. S106	**Bitcoin** Confirmation Speed 10min. S112	Spezielle Hardware um effizient und markttauglich zu bleiben. S108 / "Moderne Hardware" gefordert. S112	Begrenzt "Block creations speed low". S112	**Bitcoin, Ethereum** Permissionless. S102 / "Meistens" Permissionless. S118	Sicherheitsrisiko ernsthafter als in "vote-based" Systemen. S118	Unlimited. S118			Poolmining, S112 / Grundsätzlich dezentralisiert. S118
X9		"Computationally difficult." S2087 / "Ongoing energy cost." S2110 / Energieverschwendung, da Energie nicht für "Sinnvolle" Berechnungen eingesetzt werden. S2111	Fault Tolerance 50% S. 2093-2094 / Selfish Mining senkt Toleranz auf 33% S. 2097	Forks passieren und werden durch Propagation delay wahrscheinlicher. S2099	SHA-256 Hashing. S2087	**Bitcoin**: Median: 6.5 Sekunden Durchschnitt: 12.6 Sekunden 95% Perzentil 40 Sekunden S2099	"Mining Hardware" erst GPU, dann ASIC. S2110 / **Litecoin**: ASIC Minsters. S2111	4 TP/s Für 2000TP/s würden die Blöcke >500MB und Bandbreiten >1MiB/s benötigt. S2100	Bitcoin ist nicht privat (Weder im Sinne von Anonymisierung, noch im Sinne von Zugriffsbeschränkung). S2115		**Bitcoin (Experiment)** Zentraler Netzwerkknoten reduziert die Fork-Rate des Netzwerkes von 1.69% auf 0.78%, benötigt jedoch Bandbreiten bis zu 100MB/s. Skalierbarkeit von BTC schwierig. S2099-2100	**Ethereum** Turing Complete Smart Contracts. S2116		Mining Pools, Zentralisierung von Rechenleistung. S 2096 / Nachfrage nach höherem Transaktionsdurchsatz kann durch Anheben der Blockgröße dazu führen, dass das Netzwerk von Verteilt zu dezentralisiert wechselt und sich Superpeer-based Cluster bilden. S2100 / Ökonomische Zentralisierung, Vermö-

ID	Energie	Angriff / Hashpower	Forks / Finalität	TX/s	Hardware	Latenz	Dezentralisierung / Knoten	Skalierung / Sicherheit	Offenheit	Smart Contracts	Anmerkungen
X10		Angriffsvektor durch Selfish Mining bereits bei 25%. S12	"Bifurcation" Forks einmal alle 60 Blöcke. S4								gen der wohlhabendsten Bitcoin Adressen vermehrt sich schneller, als das weniger wohlhabender Adressen. Gleichermaßen Einfluss auf das Netzwerk auf kleine Gruppe konzentriert
X11	Hoher Energieverbrauch. S113	<= 25% der Rechenleistung des Netzwerks	Keine Finalität. S115	Theoretisches TX/s maximum: 7TX/s. S112 · <100 TX/s. S114 · Limitiert durch Chain Forks. S115		Latenz vorhanden und problematisch. S112 · Hohe Latenz durch Multi-Block Konfirmationen. S115	Auf der entgegengesetzten Seite des Skalierungsspektrums von BFT. S114 · Hervorragend, tausende von Knoten. S115		Offen. S115		Pool Mining. S12 // Miner-gruppierungen // Poolmining sorgt dafür das Bitcoin de facto nicht mehr dezentralisiert ist. Dies ist kein Bitcoin spezifisches Problem, sondern ein PoW Problem, von dem auch Ethereum und viele Altcoins betroffen sind. S117-118
X12	Energieverbrauch spezieller Mining-hardware + Deren Anschaffung. S110				Hardware cost of Mining Equipment "AntMiner S5+. S110	10min Latenz durch Blockzeit. S106+109 · Median: 6.5s 90%-Perzentil: 26 Sekunden. S112				Ethereum: Turing Complete smart Contracts	
X13	Energieverschwendung S1-3 · Energieeffizienz von ASIC Minern S12		PoW Chains können Forks entwickeln. S2	7 TX/s. S106 · 3.3-7 TX/s. S109	Bitcoin ASIC Miners.						
X14				Bitcoin maximal 7 TX/s. S73				Sicher. S9+25		Ethereum ermöglicht Smart Contracts. S84	
X15	Energieeffizient. S9+25					Langsam. S9		Nicht einfach zu skalieren. S9+25			

	Energie	Adversary	Forks	Trust / Finalität	Konsens / Hashing	Latenz	CPU / Skalierung	Performance / Throughput	Sicherheit / Permissionless	Smart Contracts / Blockgröße	Dezentralisierung
X16	Energieintensiv. S3									Blockchaingröße vernachlässigbar. 4.2MB Zuwachs pro Jahr. S4	
X17	Zur Konsensfindung wird Energie aufgewendet. S13 Energiekosten des Gesamtnetzwerk in der Größenordnung Irland. S17		Forks können auftreten. S11	Flexible Trust ist nicht gegeben. Konsens wird durch koordinierte Wahl der Nodes erzeugt. S36	Hashing. S14	Ca. 12 Sekunden. S35	**Bitcoin** CPU bound. S14 **Ethereum** Memory Bound. S14		Sicher durch nicht fälschbaren Faktor (Energie), der beim mining eingebracht wird. S31 — Es besteht direkter Trade of zwischen Sicherheit und Kosten. S35		**Ethereum** "Zero Trust Computing" **S7** — Dezentralisierung als Grundeigenschaft von PoW PoS Blockchains. S5
X18	PoW verbraucht "huge amount of energy". S1	50% Adversary Modell. S5 / **Bitcoin** 25% Adversary sufficient for an attack. S7	Forks treten in Proof of Work auf. S1		PoW löst zur Konsensfindung ein "Hash Puzzle". S1	**Bitcoin** 600 Sekunden	CPU - One CPU, One Vote. S3	**Bitcoin** leidet unter "poor performance". S1 — **Bitcoin**: 7tx/s, andere PoW <30 TX/s. S5	Permissionless. S4+5		Dezentralisiert. S4
X19											
X20	**Ethereum:** Anwendungsbereich Smart Contracts / IoT. S7 — **Bitcoin:** "Basic set of algorithmically verifiable actions- PoW" **S15**									**Ethereum** Agents can write and execute smart contracts. S7 — **Bitcoin:** keine Smart contracts. S15	
X21						"Large latencies." S15 Latency is prohibitively high. S17	Skaliert gut auf >1000 Teilnehmer. S17	Theoretical peak of 7 TX/s. S15 Throughput is limited. S17	Netzwerkteilnehmer anonym. Permissionless. S17		
X22	PoW rechenintensiv. S1			PoW does not enjoy consensus finality. S3	Permissioned Blockchains rely on message-based consensus schema, rather than on hashing procedures. S2			Lack of Performance. S2	Absence of security controls. S2 — **Bitcoin, Ethereum** und PoW im Allgemeinen Permissionless S.1		

X23	PoW principle, where network participants contribute computing power to protect... concerning its sustainability in terms of operating cost and ecological footprint. S5								
X24	**Bitcoin** Simple Currency Transactions. S42 — **Ethereum** Smart Contracts complex Transactions S42	PoW keine Konsensfinalität. S42						PoW Node Skalierbarkeit unproblematisch. S42	**Ethereum** Smart Contract execution. S42
X25		Forks sind möglich. S2 — Häufiger in **Ethereum** durch kurze Blockintervalle. S5		Proofmechanismus basiert auf Hashing. S1	**Bitcoin** 10 Minuten bis zum Block. S1 — **Ethereum** Block Intervall 10sekunden. S5	Durchschnittliche Transaktionsgeschwindigkeit 7 TX/s. S1 — Tatsächlicher Durchsatz 2.8 TX/s. S1 — PoW (**Bitcoin + Ethereum**) Gleiche Transaktionsdurchsätze. S6		Schlechte Skalierbarkeit. Blocksize 1MB, Latenz 10Min, 7 TX/s. S5+6	**Ethereum** Smart Contracts.
X26					10Min Blockzeit == Latenz. S5+6	7 TX/s. S5	Geringes level an Permission restrictions. S5	Mit steigender Menge an Transaktionen nimmt die Zahl an Nutzern, die bereit sind Transaktionen zu validieren ab. S6	**Bitcoin** Scripting language limitiert und daher keine Unterstützung von Smart Contracts. S6 — Dezentralisiert. S5 — Steigende Blockchaingröße macht den Betrieb eines full Nodes teurer und führt somit zu Zentralisierung. S6
X27	Sowohl ASIC resistente und nicht-resistente Implementationen (**Bitcoin + Ethereum**) sind Energieineffizient. S303			PoW inkl. **Bitcoin** und **Ethereum** suffers from large consensus delays and high computational requirements. S302				Sowohl ASIC resistente und nicht-resistente Implementationen (**Bitcoin + Ethereum**) skalieren schlecht. S303	
X28	Crypto-Currency und allgemeine Anwendung. S960	Nicht energiesparend. S960	Fault Tolerance durch Angriffsvektoren bis	Proof wird über Hashing	**Ethereum** ASIC resistant PoW wit memory hardness. S303	Permissionless. S960			

	Zusammenfassung / PoW	Energieverbrauch	Fault Tolerance	Forks / Nodes	Konsens / Bestätigung	Proof	TX/s	Skalierung	Sicherheit	Smart Contracts	Weitere
X29		Nicht energiesparend. S1547 **Bitcoin** verbraucht ein Vielfaches der Energie von **Ethereum.** S1548	25% der Rechenleistung. S960 Fault Tolerance durch Angriffsvektoren bis 25% der Rechenleistung. S1547	generiert. S961		Proof durch Hashing. S1546	**Bitcoin:** 7 TX/s **Ethereum:** 15 TX/s **Bitcoin Cash:** 60 TX/s **Litecoin:** 56 TX/s				
X30							**Bitcoin** 7 TX/s. S1 Durch den Selbstanpassungsprozess der Mining Difficulty ist die Transaktionsgeschwindigkeit unveränderlich, wenn nicht grundlegende Protokolländerungen vorgenommen werden. S13	Skalierung im Sinne der Performancesteigerung durch Steigerung der Rechenleistung nicht möglich. S13			
X31			PoW algorithm can theoretically be compromised by an adversary controlling at least 51% of computational resources in the network. S4	Forks können auftreten. S4	·		Ethereum ASIC resistant. S8			Ethereum Smart Contracts. S8	
Zusammenfassung	PoW wird sowohl für Transaktionssysteme als auch für Smart Contracts verwendet. Es ist sinnvoll anzunehmen, dass die Verfügbarkeit von Smart Contracts nicht von PoW abhängig ist.	Energieverbrauch von PoW in allen Implementationen sehr hoch, höher als bei allen anderen Konsensalgorithmen. Bitcoin verbraucht mehr Energie als Ethereum. Das Bitcoin Netzwerk verbraucht Energie in der Größenordnung kleinerer Länder.	Bitcoin ist streng genommen bis zu 50% Netzwerkrechenleistung Fault Tolerant. Jedoch existieren Angriffsvektoren ab 25% der Rechenleistung. Ob diese Angriffsvektoren aus den jeweiligen Implementierungen hervor gehen ist nicht klar. Die Fault Toleranz wird daher mit >50% angenommen.	Nodes ein PoW Blockchains könne nicht frei darüber entscheiden, welchen Informationen sie vertrauen. Dies ist verständlich, wenn man bedenkt, dass die Informationen in einem PoW Protokoll	Bis eine Transaktion im Netzwerk verteilt ist vergehen ca. 10 Sekunden. Bis eine Transaktion ist bestätigt ist vergehen 10 Minuten (Block Zeit). Bis eine Transaktion als "nicht mehr änderbar" werden in der Regel 6 Blöcke benötigt. Konsens wird über das Suchen nach Hashwerten erreicht. PoW kann keine Finalität garantieren.		Der theoretische maximale Transaktionsdurchsatz von Bitcoin liegt in der momentanen Konfiguration bei 7 TX/s, real werden jedoch nur 2.8-3.3 TX/s erreicht. Ethereums TX/s können nicht eindeutig festgestellt werden, sind aber wohl mit BTC vergleichbar PoW Blockchains weisen allgemein einen sehr niedrigen Transaktionsdurchsatz auf. Der Selbstanpassung der Schwierigkeit führt dazu das die Performance nicht mit steigender Rechenleistung des Netzwerks steigt. Die	Für Bitcoin und Litecoin existiert spezielle Mining Hardware. Ethereums Mining Prozess basiert auf dem Zugriff auf Speicher und kann daher nicht beliebig beschleunigt bzw. parallelisiert werden. Auch für Ethereum existieren ASICs die jedoch nicht effizienter sind als allgemeine Hardware wie Grafikkarten. Grundsätzlich ist zu sagen, dass PoW spe	PoW Blockchains sind Permissionless. Nodes die können / Proof of Work garantiert ein Maß an Sicherheit in Abhängigkeit der Kosten, die für einen Angriff auf das Netzwerk anfallen. Die Sicherheit von Proof of Work ist hoch. / Proof of Work lässt sich sehr gut skalieren. Die Anzahl der Knoten in einem Proof of Work Netzwerk ist nicht begrenzt. Die Performance ist nicht von der Zahl der Nodes abhängig. Die Skalierbarkeit im Sinne der Performance ist nicht gegeben.	Bitcoin unterstützt keine Smart Contracts. Ethereum unterstützt Smart Contracts. Es kann daraus geschlossen werden, dass Proof of Work zwar Smart Contracts unterstützt, die Unterstützung von Smart Contracts jedoch nicht vom Konsensalgorithmus abhängt, sondern von der jeweiligen Implementierung.	Proof of Work erlaubt Transaktionen zwischen Parteien, die sich gegenseitig nicht vertrauen. / Obwohl dezentralisiert gedacht zeigen Bitcoin und Ethereum sehr starke Zentralisierungstendenzen. Dies hat drei Ursache: 1. Reduzierung der Grenzkosten bei Vergrößerung der Operation 2. Pools reduzieren die Varianz des Block Minings 3. Die Blockchain Größe macht es unattraktiv Full Nodes zu betreiben. PoW ist dezentral, neigt jedoch stark dazu sich zu zentralisieren.

nicht ge- fälscht werden können.	zialisierte Hard- ware, ASICs be- günstigt oder auf Leistungs- starte CPUs und Grafikkar- ten angewiesen ist.	Performance von PoW ist als sehr schlecht einzustu- fen.

PoS / Anwendungsbereich	Energieverbrauch	Fault Tolerance	Finalität	Flexible Trust	Proofmechanismus	Latenz	Mining Hardware	Performance	Permissions	Sicherheit	Skalierbarkeit	Smart Contracts	Vertrauenserfordernis	Zentralisierungstendenz
X1														
X2														
X3	PoS is highly energy efficient. S.4													
X4	Teilweise Energie sparend. S560 / PoS löst das Energieproblem von PoW. PoS demnach energiesparender als PoW. S2568	Fault Tolerant bis 51% des gesamten Stakes. S560							PoS besitzt eine offene, permissionless Struktur. S560					Zentralisierungseffekte durch das Anhäufen von Währungseinheiten. S557
X5	PoS hat das Energieproblem nicht vollständig gelöst. S2571	50% (Stake). S2570				<100 Sekunden. S2570		<1000 TP/s. S2570			Skalierbarkeit stark. S2570			
X6	PoS vermeidet die Energieaufwendung von PoW. S1088													
X7	Geringerer Energieverbrauch als PoW. S2294													
X8	Energieeffizient. S112		Fork Möglich, aber sehr unwahrscheinlich / "schwierig". S112				Keine Voraussetzungen. S112	Block Creating Speed "fast". S112						Poolmining. S112
X9	Was Mining Power in PoW ist der Stake in PoS und damit nicht energieintensiv. S2112						Keine Hardware vorausgesetzt (normaler PC). S2112							
X10														
X11														
X12														
X13														
X14	Energiesparender als PoW. S85													
X15						Schnell. S25					Leicht zu skalieren. S25			
X16	Energieineffizient. S9									Sicher. S9				
X17	Signifikant niedrigerer Energieverbrauch.. S17+37									PoS durch mangelnden externen Faktor grundsätzlich angreifbarer als PoW. S31	PoS Skalierbarkeit besser als PoW. S37			
X18														
X19														

X20												Dezentralisierung als Grundeigenschaft von PoW PoS Blockchains. S5
X21												
X22					Permissioned Blockchains rely on message-based consensus schema, rather than on hashing procedures. S2							
X23												
X24												
X25												
X26												
X27												
X28	"Michaelson Applications". S960	Teilweise Energiesparend. S960	50% des gesamt Stakes der jeweiligen Währung, der sich auf Nodes befindet, die online sind. S960						Permission-less. S960			
X29		Teilweise Energiesparend. S1547	Fault Tolerant bis zu 51% des gesamten Stakes. S1547					Cardano 7 TX/s S1548				
X30												
X31									Permissioned. S5			
Zusammenfassung	PoS kann für verschiedene Anwendungen eingesetzt werden.	PoS ist Energiesparender als PoW, jedoch (abhängig von der Implementierung) nicht optimal energieeffizient.	PoS ist fault tolerant bis zu 50% des Stakes, der auf Nodes liegt, die online sind und an der Replikation/Validierung des Netzwerkes teilnehmen.	Finalität ist nicht gegeben, Forks können auftreten, sind aber unwahrscheinlich. Warum kann nicht ermittelt werden.	Davon ausgehend, dass PoS eine Permissionless Struktur hat ist davon auszugehen, dass Proofs auf Basis von Hashes erstellt werden.	Schnelle Latenzzeiten von unter 100 Sekunden.	Für Pos gibt es keine Hardware Voraussetzungen, jedoch ist der Computer in der Lage dazu PoS auszuführen, da die Rechenleistung zur Absicherung durch den Stake jedes Teilnehmers ersetzt wird.	Transaktionsdurchsatz Unter 1000 TX/s. Eine Implementierung von PoS: Cardano zeigt lediglich 7 TX/s.	PoS besitzt eine offene, permissionless Struktur.	PoS ist sicher, jedoch nicht durch einen externen Faktor, wie Energie bei PoW abgesichert. PoS erhält seine Sicherheit nur durch den Wert des jeweiligen Tokens, der darüber entscheidet wie hoch die Kosten für einen Angriff auf das Netzwerk sind.	PoS ist besser Skalierbar als PoW	"Rich get richer" Problem, Anhäufung von Währungseinheiten bei großem Stakes und geringes Interesse kleinerer Stakes durch die geringe Chance einen Block zu minen an der Validierung des Netzwerkes teilzunehmen, was die Stärke der größeren Stakes relativ weiter steigert.

DPoS	Anwendungsbereich	Energieverbrauch	Fault Tolerance	Finalität	Flexible Trust	Proofmechanismus	Latenz	Mining Hardware	Performance	Permissions	Sicherheit	Skalierbarkeit	Smart Contracts	Vertrauenserfordernis	Zentralisierungstendenz
X1															
X2															
X3															
X4		Teilweise Energiesparend. S560	Fault Tolerant bis zu 51% aller Validitoren. S560		PoS is direct democratic while DPoS is representative democratic --> Übertragung des Wahlrechts auf einen Repräsentanten. S560		Durch Übertragung der Validierung auf wenige Delegaten kürzere Reaktionszeiten des Netzwerkes. S560			Permissionless. S560			Unterstützt von Bitshares, einer DPoS Implementierung. S561		
X5		DPoS ist energieeffizienter als PoW und PoS. S2568	50% (Voting Power Witness). S2570		Jeder Node kann frei über die Wahl des Witnesses entscheiden S2568				Performance ist besser als in PoW und PoS. S2570 / <1000 TP/s. S2570			Skalierbarkeit ist unbegrenzt. S2570 / Skalierbarkeit stark. S2570			
X6															
X7															
X8					Nodes entscheiden frei welchem Witness sie ihr Stimmrecht übertragen. S121										
X9															
X10															
X11															
X12															
X13															
X14															
X15		Energieeffizienter als Proof of Stake. S25			Flex Trust: Wahl der Delegaten. S25		Schnell (wie oder besser PoS). S25								
X16		Durch geringere Energiekosten kann die Währungsinflation in Form der Kompensation der Miner/Validatoren für ihre Arbeit geringer ausfallen. S19													
X17					Delegaten werden durch Netzwerkteilnehmer gewählt. S18+37										
X18															
X19															
X20															
X21															

X22	Permissioned Blockchains rely on message-based consensus schema, rather than on hashing procedures. S2									
X23										
X24										
X25										
X26										
X27										
X28	"Decentralized Exchange" S960	Teilweise Energiesparend. S960	Fault Tolerant bis zu 51% aller Validitoren. S960					Permissionless. S960		
X29		Teilweise Energiesparend. S1547	Fault Tolerant bis zu 51% der Validitoren. S1547			"Millions". S1548				
X30										
X31										
Zusammenfassung	DPoS wird im Zusammenhang mit	DPoS ist energieeffizienter als PoW und PoS. Durch die geringen Energiekosten müssen Miner/Validitoren geringer für ihren Aufwand entlohnt werden.	DPoS ist Fehlertolerant bis zu 51% der Voting power der Witnesses/Validitoren.	DPoS unterstützt flexible Trust und erlaubt den Teilnehmern frei zu entscheiden, welchen Delegates / Nodes sie vertrauen.	Davon ausgehend, dass DPoS permissionless ist, kann davon ausgegangen werden, dass Proofs durch Hashes generiert werden.	Performance besser als PoW und PoS, jedoch unter 1000 TX/s. Andere Quellen sprechen von Millionen von TX/s, was unglaubwürdig erscheint.	Latenz besser oder vergleichbar mit PoS.	DPoS ist permissionless.	Unbegrenzte Skalierbarkeit.	Smart Contract Unterstützung von Konsensalgorithmus unabhängig. Es existieren DPoS Implementierungen, die Smart Contracts unterstützen.

PoA	Anwendungsbereich	Energieverbrauch	Fault Tolerance	Finalität	Flexible Trust	Proofmechanismus	Latenz	Mining Hardware	Performance	Permissions	Sicherheit	Skalierbarkeit	Smart Contracts	Vertrauenserfordernis	Zentralisierungstendenz
X1															
X2															
X3															
X4											Unter der Annahme, dass PoA permissioned ist: Sicherheit eingeschränkt durch Möglichkeit der Korruption. S559				
X5												Skalierbarkeit unbegrenzt. S1093		PoA nimmt an, dass es eine zentrale Autorität gibt, der vertraut werden kann. S1088	
X6		PoA benötigt weniger Netzwerkkommunikation und gleich viel Energie wie Hyperledger (PBFT)					Geringere Latenz als PoW und PBFT. S1092		Nur in permissioned/private Networks einsetzbar, da sonst Vertrauensannahme nicht haltbar.						
X7															
X8															
X9															
X10															
X11															
X12							Parity: 3 Sekunden	CPU Gebunden. S1092	Parity: 45 TX/s. S1092						
X13															
X14															
X15								CPU gebunden. S25							
X16															
X17		Participants try to solve a Proof of Work Puzzle. S22									Sicher, da Angriffsvektoren wegfallen, da reine Netzwerkleistung nicht mehr ausreicht. S22 Dafür Ausfallrisiko des autoritären Knotens.				
X18															
X19															
X20															
X21															
X22				Forks möglich, aber unwahrscheinlich. S5		Permissioned Blockchains rely on message-based consensus schema, rather than on hashing procedures. S2			Bessere Performance durch geringeren nachrichtenaustausch. S2						
X23															

X24													
X25													
X26													
X27													
X28	Crypto Currency. S960	Teilweise Energiesparend. S960	50% des gesamt Stakes der jeweiligen Währung, der sich auf Authority Nodes befindet, die **online** sind. S960										
X29									Permissionless. S960				
X30													
X31													
Zusammenfassung	Wird für Kryptowährungen eingesetzt.	PoA weist einen ähnlichen Energieverbrauch wie PBFT auf, benötigt jedoch weniger Bandpreise.	Fault Tolerant bis zu 50% des Stakes/der Rechenleistung der autoritären Knoten im Netzwerk.	Forks sind möglich, aber unwahrscheinlich.	Davon ausgehend, dass die autoritären Nodes ein PoW Puzzle für Proof lösen kann davon ausgegangen werden, dass der Proof über Hashes generiert wird.	Geringere Latenzen als PoW und PBFT. In Parity, einer Implementierung 3 Sekunden.	Durch PoW Proofmechanismus ist der Algorithmus CPU-Gebunden.	Durch weniger Nachrichtenaustausch zwischen Nodes ist die Performance überdurchschnittlich. In der Parity Implementierung werden 45 TX/s erreicht.	Theoretisch sowohl in Permissionless als auch Permissioned einsetzbar, da den Autoritären Nodes jedoch vertraut werden muss ist ein Einsatz im Permissionless Environment oftmals nicht sinnvoll.	Sehr sicher, wenn der zentralen Autorität vertraut werden kann, da eine Zahl an Angriffsvektoren wegfällt. Andererseits ist die Sicherheit durch eine korrupte zentrale Autorität leicht zu gefährden.	Unbegrenzt skalierbar.	Vertrauen in die zentrale Autorität muss bestehen.	Ist über zentrale Autorität zwangsläufig zentralisiert.

PoC	Anwendungsbereich	Energieverbrauch	Fault Tolerance	Finalität	Flexible Trust	Proofmechanismus	Latenz	Mining Hardware	Performance	Permissions	Sicherheit	Skalierbarkeit	Smart Contracts	Vertrauenserfordernis	Zentralisierungstendenz
X1															
X2															
X3								Permacoin - PoC/PoS requires that the miner store some useful information and present a proof of the verifier that it exists. Mining Hardware: HDD. S5							
X4															
X5															
X6															
X7															
X8		Betrieb von HDD's weniger Strom intensiv als CPU's unter Volllast. S115						Hard Drives. S115							
X9															
X10															
X11															
X12															
X13			So lang keine Partei mehr als 50% der gesamten Festplattenkapazität hält. S5-6												
X14															
X15		Ressourcenverschwendung ungenutzter Harddisks. S25						Harddrive. S25							
X16															
X17								Memory and Hard Drive. S23							
X18		Permacoin / Spacemint50% Adversary Modell. S5						Spacemint 600 Sekunden. S5	Hard Drives. S8				PermaCoin / SpaceMit Nicht skalierbar. S5			Zentralisierungsrisiko durch das Outsourcing von Speicherplatz an externe Provider. S8
X19															
X20															
X21															
X22															
X23															
X24															

X25											
X26											
X27											
X28	Outsource Storage. S960 Mail, Reputation Services, Storage. S960		Bis zu 25% der Rechenleistung Fehlertolerant. S960				Permissionless. S960				
X29	Nicht energiesparend. S960										
X30											
X31	PoC-based cryptocurrency such as Spacemint (Park et al. 2015) claims PoC based approaches more resource efficient to PoW as storage consumes less energy. S5										
Zusammenfassung	Verwendung zur Nutzung ungenutzten Speichers.	Der Betrieb von HDD's ist weniger Stromintensiv als von CPUs, GPUs und spezialisierter Mining Hardware. Dennoch erzeugen Festplatten einen erhöhten Energieverbrauch. Werden die Festplatten nicht für die Speicherung von Daten verwendet, sondern wird lediglich ihr Speicherplatz geblockt kann dies als Ressourcenverschwendung angesehen werden.	Bis zu 50% der Festplattenkapazität fehlertolerant.	Es wird Festplattenspeicher benötigt, entsprechend sind HDDs in diesem Konsensalgorithmus Mining Hardware	In einer Implementierung mit 600 Sekunden beobachtet.	-	PoC ist Permissionless	Skalierbarkeit ist stark eingeschränkt.	Da das Netzwerk permissionless ist liegt die Annahme nahe, dass vertrauenslose Transaktionen möglich sind.	Ein Zentralisierungsrisiko durch Outsourcing von Speicherplatz an externe Provider besteht.	

PoET	Anwendungsbereich	Energieverbrauch	Fault Tolerance	Finalität	Flexible Trust	Proofmechanismus	Latenz	Mining Hardware	Performance	Permissions	Sicherheit	Skalierbarkeit	Smart Contracts	Vertrauenserfordernis	Zentralisierungstendenz
X1															
X2															
X3															
X4															
X5															
X6															
X7															
X8						Hardware based auf Zufälligem Wert durch die XGS		Intel Trusted Execution Environment (TEE) auf Intel Software Guard Extension (XGS)							
X9															
X10															
X11															
X12															
X13															
X14															
X15															
X16															
X17															
X18									1000 TX/s. S5		Bereits Hachking einer Einheit der trusted Hardware führt dazu, dass das System seine Funktion verliert. S8			Trusted Hardware. S5+8	
X19		"The energy waste caused by mining goes away". S17		Finalität nicht gegeben. S17						Sowohl Permissioned als auch permissionless möglich, abhängig von der Implementierung. S17				PoET assumes trusted hardware available from only one vendor. S9+17	
X20															
X21															

X22			Permissioned Blockchains rely on message-based consensus schema, rather than on hashing procedures. S2						
X23									
X24									
X25									
X26									
X27									
X28	General Applications. S960					Permissionless. S960			
X29	Energiesparend. S960								
X30									
X31									
Zu-sam-men-fas-sung	General Applications	PoET wird durch eine eigene Prozessoreinheit auf INTEL CPU's ermöglicht. Neben dem Betrieb eines Computers kommt es daher nicht zu weiterem Energieverbrauch, was PoET sehr energiesparend macht.	Finalität ist in PoET nicht gegeben. Forks können auftreten.	In der XGS wird ein Zufallswert erzeugt, der darüber entscheidet, welcher Node den nächsten Block an die Blockchain anhängt. Der Proofmechanismus basiert daher auf Zufall bzw. Pseudo-Zufall	Intel CPU's, die eine TEE in Form eines XGS implementieren	1000 TX/s.	PoET kann sowohl in Permissioned als auch Permissionless Szenarien eingesetzt werden, wenn auch die Implementierung in Permissionless Szenarien wenig sinnvoll erscheint.	PoET ist unsicher, da bereits die Kompromitierung einer Hardwareeinheit dazu führt, dass das gesamte System nicht mehr funktioniert.	Der von INTEL produzierten Hardware muss vertraut werden.

RPCA	Anwendungsbereich	Energieverbrauch	Fault Tolerance	Finalität	Flexible Trust	Proofmechanismus	Latenz	Mining Hardware	Performance	Permissions	Sicherheit	Skalierbarkeit	Smart Contracts	Vertrauenserfordernis	Zentralisierungstendenz
X1															
X2															
X3						Ripple kein Mining. S4								Ripple uses a trust-based system to attain consensus. S5	
X4		Energiesparend. S560	Fault Tolerant bis 20%							Permissionless. S560				Ripple utilizes collectively-trusted subnetworks within the larger network. S561	
X5															
X6	Crypto Currency. S1095									Permissioned. S1087					
X7			Weniger als 1/5 aller Nodes Fehlerhaft. F Nodes aus 5f+1 Nodes. S2294		Nodes legen ihre "Unique Node List", die die Validierenden Server/Nodes enthalten selbst fest. S2294									Ripple "Collectively trusted Subnetworks".	
X8			Maximal 1/5 der Nodes fehlerhaft.												
X9			Tolerant bis zu f Nodes bei 5f+1 Nodes. S2109												
X10															
X11															
X12															
X13															
X14															
X15							Schnell. S25					Skalierbar. S25		Nodeliste muss aktiv gepflegt werden. S25	
X16															
X17			Maximal 20% der Nodes Fehlerhaft. S20	Forks sind möglich, wenn Netzteile für sich zu unterschiedlichem Konsens kommen (historischer Fall). S20								Zentralisiertes Konsensmodell nach 2014 Zwischenfall es Netzwerk Forks. S21			
X18									Ripple stated: 1000 TX/s	Somewhat permissioned fashion. S18					
X19	Exchange Network with Crypto Currency. S18		1/5 of Default nodes. S9		"making trust assumptions flexible". S18									Ripple tolerates one of the five default Ripple-operated validators to be subverted. S9 — Ripple legt fest, welches die validierenden Nodes sind. S18	Ripple tolerates one of the five default Ripple-operated validators to be subverted. S9 — Ripple legt fest, welches die validierenden Nodes sind. S19
X20															

X21													
X22				Permissioned Blockchains rely on message-based consensus schema, rather than on hashing procedures. S2									
X23			Ripple ist finales BFT Protokoll. S42										
X24													
X25								Mittleres Maß an permission restriction. S5					
X26		**Ripple** Energiesparend durch den Verzicht auf PoW Miner. S7				Niedrige Latenzen. 3-6 Sekunden. S5		**Ripple** is a private permissionless Blockchain S.7 *Widerspruch mit dem Absatz darunter.*			Hohes Maß an Skalierbarkeit. Niedrige Latenz - Transaktionszeiten von 3-6 Sekunden. S5		
X27			Fehlertolerant bis zu 20% fehlerhafter Nodes in UNL. S960										Dezentralisiert. S5
X28	Digital Assets, Payment. S960	Energiesparend. S960						Public. S60					
X29		Energiesparend. S1547	Fault Tolerant bis zu 20% der Nodes. S1547				1500 TX/s. S1548						
X30					Another noteworthy observation about Ripple protocol is that each client needs to select a set of validators or unique nodes that they trust. S8								
X31													
Zusammenfassung	Crypto Currency	RPCA ist energiesparend.	Fault Tolerance nur bis 20% der Knoten bzw. einem der 5 Validierungsserver.	Nachdem das Ripple Netzwerk in der Vergangenheit einmal "geforkt" ist wurde es zentralisiert und ist nun theoretisch weiterhin nicht final, praktisch jedoch final.	Jeder Node erstellt seine UNL selbst und kann dementsprechend selbst festlegen,	Niedrige Latenzen von 3-6 Sekunden.	Zwischen 1000 und 1500 TX/s	Gemischte Aussagen. Nicht 100% Permissionless, jedoch auch nicht Permissioned.	Sicherheit abhängig von Vertrauen in RPCA UNL Server. Single Point of Failure	Niedrige Latenzen von 3-6 Sekunden.	Hohe Clientskalierbarkeit. **Keine** Node-Skalierbarkeit, seit der Zentralisierung nach Netzwerk Fork.	Ripple erfordert Vertrauen in die von Ripple bereitgestellte Infrastruktur.	Ripple ist zentralisiert, da die validierenden Server der UNL von Ripple festgelegt sind und betrieben werden.

Stellar	Anwendungsbereich	Energieverbrauch	Fault Tolerance	Finalität	Flexible Trust	Proofmechanismus	Latenz	Mining Hardware	Performance	Permissions	Sicherheit	Skalierbarkeit	Smart Contracts	Vertrauenserfordernis	Zentralisierungstendenz
X1															
X2															
X3															
X4															
X5															
X6	Smart Contracts. S1095														
X7															
X8															
X9															
X10															
X11									Performance Schlechter als BFT, besser als PoW			Skalierbarkeit besser als BFT, schlechter als PoW			
X12															
X13															
X14															
X15															
X16															
X17															
X18															
X19	Exchange Network with Crypto Currency. S18				"making trust assumptions flexible". S18										Furthermore, it seems that for constructing one single ledger, the convincing-sets for all useful configurations of SCP should intersect at the top of the suggested hierarchies. This appears to introduce some amount of centralization, similar to BQS [50]. S19
X20															
X21															
X22						Permissioned Blockchains rely on message-based consensus schema, rather than on hashing procedures. S2				Somewhat permissioned Fashion. S18					
X23															
...															
X29		Energiesparend. S1547	Variabel. S1547						1000 TX/s. S1548						
X30															
X31															
Zusammenfassung	Smart Contracts und Exchange Network mit Crypto Currencies	Energiesparend	-	-	Flexibel Trust unterstützt.	-	-	-	Schlechtere Performance als BFT, besser als PoW. In der Region von 1000 TX/s	Zwischen Permissioned und Permissionless	-	Skalierbarkeit zwischen BFT und PoW	-	-	Leichte Zentralisierungstendenz.

BFT	Anwendungs-bereich	Energiever-brauch	Fault Tolerance	Finalität	Flexible Trust	Proofmecha-nismus	Latenz	Mining Hardware	Performance	Permissions	Sicherheit	Skalierbarkeit	Smart Contracts	Vertrauenser-fordernis	Zentralisierungs-tendenz
X1															
X2			BFT lässt f Fehler bei 3f+1 Knoten zu. S3							Hyperledger ist permissioned. Hyperledger verwendet BFT. S3				BFT ist oftmals damit verbunden, dass Netzwerkknoten einander ein Mindestmaß an Vertrauen entgegenbringen müssen. S3	
X3					Jeder Node entscheidet selbst, welchen anderen Nodes er glaubt. S560										
X4		Energiespa-rend. S.560	Fault Tolerant bis zu 33.3% fehlerhaften Kopien der Daten. S560			Message Based. S560				Permissioned. S560					
X5			PBFT ist bis zu f Fehlern bei 3f+1 Nodes fault tolerant und kann somit maximal 33% fehlerhafte Nodes verkraften. S2570 33% Fehlerhafter Nodes. S2570			Zum Erreichen eines Konsenses müssen bei 3f+1 Knoten von jedem Knoten Nachrichten zum Erreichen eines Konsenses versandt werden: Nachrichtenbasiert. _ S2570 Ein Node muss mit allen anderen Nodes Kommunizieren. S2571	<10 Sekunden. S2570		<2000 TP/s. S2570	Durch mangelnde Skalierbarkeit eher für permissioned Blockchains geeignet mit kleiner Node Anzahl und großer Bandbreite. S2570		Da zur Erreichung eines Konsenses jeder Knoten mit jedem anderen Knoten kommunizieren muss ist die Skalierbarkeit beschränkt. S2570 Skalierbarkeit schwach. S2570 Performance nimmt drastisch ab, wenn die Anzahl der Nodes steigt. S2571		*Widersprüchlich:* PBFT Nodes brauchen ein hohes Maß an Vertrauen und können daher **nicht** in permissioned Blockchains eingesetzt werden. S2571. Gleichzeitig: In Permissioned Blockchains sollten mit PBFT betrieben werden, ebenfalls S2571. Tippfehler?	
X6	Smart Contracts. S 1095	Hyperledger (**PBFT**) verbraucht bei 8 Nodes weniger Rechenleistung/Energie als Ethereum (**PoW**)	Bis zu N/3 mit N= Zahl der Nodes Fault Tolerant. S1088	Sobald ein Block angehängt ist, ist er validiert und kann nicht mehr verändert werden. Finalität wird erreicht. S1088		PBFT ist "communication Bound" und hat eine Komplexität von $O(n^2)$. S1088 Hyperledger ist Kommunikationsbunden. S1092 + 1095	ca. 45 Sekunden. S1093		Hyperledger (**PBFT**) besser als Ethereum (**PoW**) und Parity(**PoA**) S1088 Hyperledger 5.5x mehr Durchsatz als Parity und 28x höherer Durchsatz als Party. 1273 TX/s. S1092	PBFT Permissioned in Hyperledger. S1087 PBFT kann nur in permissioned Settings funktionieren. S1088		Hyperledger (**PBFT**) kann nicht auf mehr als 16 Nodes skaliert werden.	Unter der Annahme, dass permissioned: Performante Ausführung von Smart Contracts möglich. S1087 + S1095		

ID	Fehlertoleranz / Bewertung	Finalität	Schwellwert	Konsens	Latenz	Durchsatz	Bewertung	Permissioned	Skalierbarkeit	Bemerkung
X7	Notwendig für ökonomisches Mining ist nicht gegeben. S2294									
X8	Weniger als ein Drittel der Nodes Fehlerhaft bzw. f Nodes bei 3f+1 Nodes im Netzwerk. S2294	**Bchain** fault tolerant bis N Nodes bei 2N/3+1 Nodes. S118						In privaten Netzwerken einzusetzen. S2294		
X9										
X10										Dieser Aspekt ist ein Nachteil von BFT gegenüber PoW, wo keine Vertrauenswürdige Instanz benötigt wird. S116 — "This in turn calls for a centralized identity management in which a trusted party issued cryptographic certificates to nodes. " S116
X11	Gut. S115	Finalität. S115	<= 33% der "Voting Power" S115	Konsensfindung über Nachrichtenaustausch. S118	Minimale Latenzen. S114 / Latenz abhängig von der Netzwerklatenz. S115	Unterstützen zehntausende TX/s. S114	Exzellent. S115	Permissioned. S115	Skalierbarkeit beschränkt. S114 / Skalierbarkeit von PoW und BFT sitzen an gegenüberliegenden Enden des Spektrums. S116 / Skalierbarkeit in der Größenordnung 20 Nodes. S114+115 / Nicht skalierbar. S118	
X12					Getestet bei 64 Nodes mit 1.79 Sekunden. S117	4.5k TX/s S117			Auf 64 Nodes getestet. S117 Bei steigender Nodeanzahl würde die Performance jedoch "greatly degrading".	
X13										
X14	f nodes Fehlerhaft aus 3f+1 nodes. S80	Maximal ein Drittel der validierenden Nodes darf abweichen. S64			Abhängig von der Anzahl validierender Knoten zwischen 2 und 10 Sekunden (bis hin zu Unendlich bei Scheitern des Konsenses). S67	Performance nimmt mit steigender Nodezahl ab. Bei 8 Validatoren sind 10k TX/s möglich. Bei 64 Validatoren nur noch 4k TX/s. S67	Bis 15k TX/s getestet auf vier Nodes. Performance nimmt je-		Performance bricht bei Skalierung auf mehr validierende Nodes ein.	

X15	Energieeffizient. S9			Schnell. S9			doch exponentiell ab, wenn die Zahl an Nodes erhöht wird. S73			Leicht zu skalieren. S9
X16									Fälschungsanfällig. S9	
X17	Betrieb quasi kostenlos. S38		Byzantine agreement protocols allow nodes to freely choose which other nodes they want to trust. S39		Kommunikationsgebunden. S38		4.5k TX/s bei 64 Nodes		Schlechte Performance bei Skalierung auf mehr Nodes. S38	
X18	33% Adversary Model. S5			Latenz unter 1 Sekunde (Netzwerkumgebung?". S5	Messaging. S9		110k TX/s. S5	BFT kann Nakamoto Konsensus nicht ersetzen und kann in permissionless Netzwerken nicht funktionieren. S11	Skalierbarkeit von BFT "challenging". S2 Nicht skalierbar. S5	
X19		Finalität ist gegeben. S17				Hardware unabhängig. S17	Several 10000tx/s with a small group of 4-10 validators. S18	BFT ist Effizienter, unabhängig von Hardware eines Herstellers und generiert Finalität. Damit besser als PoET Mehr als 70k TX/s im LAN. S17		**Hyperledger** Smart Contracts
X20										
X21	PBFT requires 3f+1 replica where f is the upper bound on the number of Byzantine Failures. S12			Latenz niedrig. S17			BFT Performance gut, hoher Durchsatz. S17	"In BFT, the system environment is well-controlled, and ID's are main-	Unterschiedliche Seiten des Skalierungs- und Performancespektrums. S17	

	C1	C2	C3	C4	C5	C6	C7	C8	C9	C10	C11	C12	C13	C14	C15
X22	BFT Skalierbarkeit: nicht skalierbar.					tained." Permissioned. S17				Permissioned Blockchains rely on message-based consensus schema, rather than on hashing procedures. S2		Alle BFT-like Protokolle unterstützen Finalität. S3	Max. 1/3 aller Nodes fehlerhaft. S8		
X23						Hyperledger (PBFT) Als Beispiel für Permissioned Blockchain. S2	PBFT Performance besser als PoA. S2		PBFT Latenz vergleichbar mit PoA. S2						
X24				Skalierung der Node Anzahl schwierig. S42								BFT bietet Finalität. S42			
X25															
X26															
X27						PBFT consensus algorithm has been also used in permissioned Blockchains. S302									
X28						Private/Permissioned. S960							33.3% faulty replicas. S960	Energiesparend. S960	General Applications. S960
X29													Bis zu 33.3% der Datenbank Replikationen. S1547	Energiesparend. S1547	
X30								Durch den Nachrichtenaustausch wird BFT Message Bound. S1		Konsens über Nachrichtenaustausch. S1					
X31															
Zusammenfassung	Durch geringe Nodeanzahl ergibt die Annahme Sinn, dass Netzwerke mit BFT eher zentralisiert und nicht verteilt sind.	Ein Mindestmaß an Vertrauen muss zwischen den Knoten bestehen, daher auch Anwendung in Permissioned Kontext.	Smart Contracts möglich, nicht abhängig von Konsensmechanismus	Nodeskalierbarkeit aufgrund von Nachrichtengebundenem Konsensmechanismus stark limitiert. In der Größenordnung von 20 Nodes skalierbar.	PBFT ist Fälschungsanfällig (daher müssen Nodeidentitäten bekannt sein)	BFT funktioniert nur, wenn die Identität der Nodes eindeutig Identifizierbar ist, daher nur in Permissioned Kontexten einsetzbar.	Je nach Netzwerkumfeld theoretisch mehr als 10k TX/s möglich. In der Regel zwischen 1000 und 10000 TX/s über das Internet. Damit ist die Performance besser als in allen anderen betrachteten Protokollen, z.B. PoA	Hardwareunabhängig, limitierender Faktor ist Bandbreite.	Latenz abhängig von der Zahl der Nodes im Netzwerk und der Netzwerkumgebung (Lokal, WWW). Von einstelligen Sekunden zu knapp einer Minute.	Konsens wird über Nachrichtenaustausch mit maximal O(n^2) Komplexität erreicht.	Nodes wählen frei, welchen anderen Nodes sie vertrauen.	BFT bietet Finalität, Einträge können auch unter Rechenleistung nicht mehr geändert werden.	BFT Protokoll erlauben bei 3f+1 Nodes f fehlerhafte Nodes. Bei 4 Nodes wäre dies ein fehlerhafter Node, was 25% entspricht. Mit steigender Nodezahl nährt sich die zulässige Fehlerquote Asymptotisch an 33.3% bzw. 1/3 an.	PBFT ist Energiesparend. Hyperledger PBFT verbraucht bei 8 validierenden Nodes weniger Nodes Rechenleistung als Ethereum (PoW)	Smart Contracts und General Applications

Appendix D – Darstellung der Merkmalsausprägungen

Gelb unterlegte sind die Spalten, deren Werte für weiter Berechnung verwendet wurden. Diese sind entweder durch die Art der Merkmalsausprägung bereits für die weitere Berechnung geeignet (z. B. bei binären Ausprägungen) oder wurden aus der jeweils links anschließenden Spalte übersetzt. Das Attribut „Anwendungsbereich" ist multidimensional, da mehrere nominal skalierte Ausprägungen vorliegen können.

	Anwendungsbereich	Anwendungsbereich num.	Energieverbrauch	Energieverbrauch	Fault Tolerance	Fault Tolerance num.	Finalität	Flexible Trust	Proofmechanismus	Proofmechanismus num.	Latenz	Latenz num.	Mining Hardware	Mining Hardware num.	Performance	Performance num.	Permissions	Permissions num.	Sicherheit	Sicherheit num.	Skalierbarkeit	Skalierbarkeit num.	Vertrauenserfordernis	Zentralisierungstendenz	Zentralisierungstendenz
Skalenniveau	Nominal	Nominal	Ordinal	Ordinal	Ordinal	Ordinal	Nominal	Nominal	Nominal	Nominal	Ordinal	Ordinal	Nominal	Nominal	Ordinal	Ordinal	Ordinal	Nominal	Ordinal	Ordinal	Ordinal	Ordinal	Nominal	Ordinal	Ordinal
PoW	Crypto Currency Smart Contract	(1,2)	++++	1	(50%)	3	0	0	Hash	1	-	1	ASIC Miner	1	10-100 TX/s	1	Permissionless	-1.00	++	4	+++	3	0	+	1
PoS	Verschiedenes	(3)	+++	2	50%	4	0		Hash	1	--	2	Keine Hardware	2	<1000 TX/s	2	Permissionless	-1.00	+	3	++++	4		+	1
DPoS	Dezentralisierte Börse	(4)	++	3	50%	4		1	Hash	1	---	3			<1000 TX/s	2	Permissionless	-1.00			+++++	5			
PoA	Crypto Currency	(1)	+	4	50%	4	0		Hash	1	--	2	CPU-Gebunden	3	<100 TX/s	1	In between	0.00	-	2	+++++	5	1	++	2
PoC	Speichernutzung	(5)	+++	2	50%	4					-	1	HDD's	4			Permissionless	-1.00			++	2	0	+	1
PoET	Verschiedenes	(3)	+	4			0	1	Zufall	2			Intel CPU	5	1000 TX/s	3	In between	0.00	--	1			1	+	1
RPCA	Crypto Currency Smart Contracts	(1)	+	4	20%	1	1	1			---	3			>1000 TX/s	4	In between	0.00	-	2	+	1	1	+++	3
Stellar	Smart Contracts Crypto Currency	(1,2)	+	4			1	1							1000 TX/s	3	In between	0.00			+++	3		+	1
BFT	Smart Contracts Verschiedenes	(1,3)	+	4	33%	2	1	1	Nachrichten	3	---	3	Bandbreite	6	>10000 TX/s	5	Permissioned	1.00	--	1	++	2	1	++	2

Appendix E – Programmcode für K-Means Clustering

```
1.  __author__ = "Lennart Völler"
2.  __copyright__ = "Copyright (C) 2018 Lennart Völler"
3.  __version__ = "1.0"
4.
5.  import csv
6.  import itertools
7.  import random
8.
9.  ####################################################################
10. # Config
11. k = 3   # 2 bis 9
12. n = 1000
13.         # Berechnungszeiten:    # 1-100:     1Sec
14.                                 # 1000:      5Sec
15.                                 # 10000:     30Sec
16. ####################################################################
17.
18.
19. class Algorithm:
20.     """
21.     Datenklasse, die einen zu untersuchenden Konsensalgorithmus repräsentiert.
22.     """
23.     def __init__(self, name, anwendungsbereich, energie, fault, fina-
    lity, flextrust, proof, latenz, performance,
24.                  permissions, sicherheit, skalierbarkeit, vertrauen, zentralisierung):
25.         """
26.         Konstruktor der Datenklasse Algorithm
27.         :param name: Name des Algorithmus
28.         :param anwendungsbereich: Anwendungsbereich des Algorithmus
29.         :param energie: Ausprägung der Kategorie Energieverbrauch
30.         :param fault:  Ausprägung der Kategorie: Fault Tolerance
31.         :param finality:  Ausprägung der Kategorie: Finalität
32.         :param flextrust:  Ausprägung der Kategorie: Flexible Trust
33.         :param proof:  Ausprägung der Kategorie: Proofmechanismus
34.         :param latenz: Ausprägung der Kategorie: Latenz
35.         :param performance: Ausprägung der Kategorie: Performance
36.         :param permissions: Ausprägung der Kategorie: Permissions
37.         :param sicherheit: Ausprägung der Kategorie: Sicherheit
38.         :param skalierbarkeit: Ausprägung der Kategorie: Skalierbarkeit
39.         :param vertrauen:  Ausprägung der Kategorie: Vertrauenserfordernis
40.         :param zentralisierung: Ausprägung der Kategorie: Zentralisierungstendenz
41.         """
42.         self.name: str = name
43.         self.anwend = [int(a) for a in anwendungsbereich if a.isdigit()]
44.         self.energy: float = float(energie)
45.         self.fault: float = float(fault)
46.         self.final: float = float(finality)
47.         self.flex: float = float(flextrust)
48.         self.proof: float = float(proof)
49.         self.late: float = float(latenz)
50.         self.perf: float = float(performance)
51.
52.         # Diskretes casting von string zu int
53.         if permissions == "-1.00":
54.             self.perm = -1
55.         elif permissions == "1.00":
56.             self.perm = 1
57.         elif permissions == "0.00":
58.             self.perm = 0
```

```python
59.            elif permissions == 9:
60.                self.perm = 9
61.
62.        self.sec: float = float(sicherheit)
63.        self.scale: float = float(skalierbarkeit)
64.        self.trust: float = float(vertrauen)
65.        self.central: float = float(zentralisierung)
66.        self.comparable: list = list()
67.
68. ## OPTIONAL ##
69. def all_distances(algos: list):
70.     """
71.     Berechnet die Distanzen aller möglichen Kombinationen aus Algorithmen. Stellt die Dis-
   tanzmatrix auf.
72.     :param algos: Liste aller Algorithmen
73.     :return: Liste aller Kombinationen von Algorithmen und ihrer Distanzen
74.     """
75.     distances = list()
76.     for x in itertools.combinations(algos, r=2):
77.         name1 = x[0].name
78.         name2 = x[1].name
79.         distances.append((name1, name2, distance_two_nodes(x[0], x[1])))
80.
81.     return distances
82.
83.
84. ## DISTANZFUNKTIONEN ##
85. def distance_anwend(algo1: Algorithm, algo2: Algorithm):
86.     """
87.     Berechnet die Distanz zwischen zwei Algorithmen in der Dimension "Anwendungsbereich"
88.     :param algo1:
89.     :param algo2:
90.     :return: Die gemittelte Anzahl an Übereinstimmungen. Für [1] und [1, 2] z.B. 0.5
91.     """
92.
93.     # Identifikation der längsten Liste
94.     if len(algo1.anwend) >= len(algo2.anwend):
95.         longest = algo1
96.         shortest = algo2
97.     else:
98.         longest = algo2
99.         shortest = algo1
100.
101.         asymcount = 0
102.         for ind, val in enumerate(longest.anwend):
103.             if val not in shortest.anwend:
104.                 asymcount += 1
105.
106.         return asymcount/len(longest.anwend)
107.
108.
109.     def distance_energy(algo1: Algorithm, algo2: Algorithm):
110.         """
111.         Berechnet die Distanz zwischen zwei Algorithmen in der Dimension "Energy"
112.         :param algo1:
113.         :param algo2:
114.         :return: Absolute Differenz zwischen den Merkmalsausprägungen
115.         """
116.         return abs(algo1.energy - algo2.energy)
117.
118.
119.     def distance_fault(algo1: Algorithm, algo2: Algorithm):
120.         """
121.         Berechnet die Distanz zwischen zwei Algorithmen in der Dimension "Fault Tole-
   rance"
```

```
122.            :param algo1:
123.            :param algo2:
124.            :return: Absolute Differenz zwischen den Merkmalsausprägungen
125.            """
126.            return abs(algo1.fault - algo2.fault)
127.
128.
129.        def distance_final(algo1: Algorithm, algo2: Algorithm):
130.            """
131.            Gibt an, ob das nominal skalierte Merkmal "Finalität" in zwei Algorithmen iden-
     tisch ist.
132.            :param algo1:
133.            :param algo2:
134.            :return: Distanz == 0 für gleiche Ausprägungen, Distance == 1 für ungleiche Aus-
     prägungen
135.            """
136.            if algo1.final == algo2.final:
137.                return 0
138.            else:
139.                return 1
140.
141.
142.        def distance_flex(algo1: Algorithm, algo2: Algorithm):
143.            """
144.            Gibt an, ob das nominal skalierte Merkmal "Flexible Trust" in zwei Algorith-
     men identisch ist.
145.            :param algo1:
146.            :param algo2:
147.            :return: Distanz == 0 für gleiche Ausprägungen, Distance == 1 für ungleiche Aus-
     prägungen
148.            """
149.            if algo1.flex == algo2.flex:
150.                return 0
151.            else:
152.                return 1
153.
154.
155.        def distance_proof(algo1: Algorithm, algo2: Algorithm):
156.            """
157.            Gibt an, ob das nominal skalierte Merkmal "Proofmechanismus" in zwei Algorith-
     men identisch ist.
158.            :param algo1:
159.            :param algo2:
160.            :return: Distanz == 0 für gleiche Ausprägungen, Distance == 1 für ungleiche Aus-
     prägungen
161.            """
162.            if algo1.proof == algo2.proof:
163.                return 0
164.            else:
165.                return 1
166.
167.
168.        def distance_late(algo1: Algorithm, algo2: Algorithm):
169.            """
170.            Berechnet die Distanz zwischen zwei Algorithmen in der Dimension "Latenz"
171.            :param algo1:
172.            :param algo2:
173.            :return: Absolute Differenz zwischen den Merkmalsausprägungen
174.            """
175.            return abs(algo1.late - algo2.late)
176.
177.
178.        def distance_perf(algo1: Algorithm, algo2: Algorithm):
179.            """
180.            Berechnet die Distanz zwischen zwei Algorithmen in der Dimension "Performance"
```

```
181.            :param algo1:
182.            :param algo2:
183.            :return: Absolute Differenz zwischen den Merkmalsausprägungen
184.            """
185.            return abs(algo1.perf - algo2.perf)
186.
187.
188.        def distance_perm(algo1: Algorithm, algo2: Algorithm):
189.            """
190.            Gibt an, ob das nominal skalierte Merkmal "Permissions" in zwei Algorithmen iden-
     tisch ist.
191.            :param algo1:
192.            :param algo2:
193.            :return: Distanz == 0 für gleiche Ausprägungen, Distance == 1 für ungleiche Aus-
     prägungen
194.            """
195.            if algo1.perm == algo2.perm:
196.                return 0
197.            else:
198.                return 1
199.
200.
201.        def distance_sec(algo1: Algorithm, algo2: Algorithm):
202.            """
203.            Berechnet die Distanz zwischen zwei Algorithmen in der Dimension "Sicherheit"
204.            :param algo1:
205.            :param algo2:
206.            :return: Absolute Differenz zwischen den Merkmalsausprägungen
207.            """
208.            return abs(algo1.sec - algo2.sec)
209.
210.
211.        def distance_scale(algo1: Algorithm, algo2: Algorithm):
212.            """
213.            Berechnet die Distanz zwischen zwei Algorithmen in der Dimension "Skalierbar-
     keit"
214.            :param algo1:
215.            :param algo2:
216.            :return: Absolute Differenz zwischen den Merkmalsausprägungen
217.            """
218.            return abs(algo1.scale - algo2.scale)
219.
220.
221.        def distance_trust(algo1: Algorithm, algo2: Algorithm):
222.            """
223.            Gibt an, ob das nominal skalierte Merkmal "Vertrauenserfordernis" in zwei Algo-
     rithmen identisch ist.
224.            :param algo1:
225.            :param algo2:
226.            :return: Distanz == 0 für gleiche Ausprägungen, Distance == 1 für ungleiche Aus-
     prägungen
227.            """
228.            if algo1.trust == algo2.trust:
229.                return 0
230.            else:
231.                return 1
232.
233.
234.        def distance_central(algo1: Algorithm, algo2: Algorithm):
235.            """
236.            Berechnet die Distanz zwischen zwei Algorithmen in der Dimension "Zentralisie-
     rungstendenz"
237.            :param algo1:
238.            :param algo2:
239.            :return: Absolute Differenz zwischen den Merkmalsausprägungen
```

```
240.              """
241.              return abs(algo1.central - algo2.central)
242.
243.
244.     def generate_comparable(algorithms: list):
245.              """
246.              Befüllt das "comparable" Attribut aller in einer Liste übergebenen "Algo-
          rithm" objekte mit den Kategorien, in
247.              denen das Objekt gültige Merkmalsausprägungen besitzt. Die Ausprä-
          gung 9 ist die Dummy-Variable für eine ungültige
248.              bzw. leere Ausprägung.
249.              :param algorithms:
250.              """
251.              for i in algorithms:
252.                  for j in dir(i):
253.                      if not j.startswith('__') and not j == "compara-
          ble" and not j == "name":
254.                          if getattr(i, j) != 9:
255.                              i.comparable.append(j)
256.
257.
258.     def distance_two_nodes(node1: Algorithm, node2: Algorithm):
259.              """
260.              Ermittelt die durchschnittliche Distanz zweier Algorithmen in allen Merkmalsaus-
          prägungen, die *in beiden* Algorithmen
261.              ausgeprägt sind.
262.              :param node1: Algorithmus 1
263.              :param node2: Algorithmus 2
264.              :return: Die gerundete Summe der Distanz zweier Algorithmen
265.              """
266.
267.              fulldistance = 0
268.
269.              # Ermittlung der vergleichbaren Kategorien, kleiner gemeinsamer Nenner
270.              smalest_comparable = ["anwend", "energy", "fault", "fi-
          nal", "flex", "proof", "late", "perf", "perm", "sec", "scale",
271.                                    "trust", "central"]
272.              iteration_copy = smalest_comparable[:]
273.              for algo in [node1, node2]:
274.                  for attribute in iteration_copy:
275.                      if attribute not in algo.comparable and attribute in smalest_compara-
          ble:
276.                          smalest_comparable.remove(attribute)
277.
278.              # Additionen Differenzen der Merkmalsausprägungen
279.              for attribute in smalest_comparable:
280.                  if attribute == "anwend":
281.                      fulldistance += distance_anwend(node1, node2)
282.                  elif attribute == "energy":
283.                      fulldistance += distance_energy(node1, node2)
284.                  elif attribute == "fault":
285.                      fulldistance += distance_fault(node1, node2)
286.                  elif attribute == "final":
287.                      fulldistance += distance_final(node1, node2)
288.                  elif attribute == "flex":
289.                      fulldistance += distance_flex(node1, node2)
290.                  elif attribute == "proof":
291.                      fulldistance += distance_proof(node1, node2)
292.                  elif attribute == "late":
293.                      fulldistance += distance_late(node1, node2)
294.                  elif attribute == "perf":
295.                      fulldistance += distance_perf(node1, node2)
296.                  elif attribute == "perm":
297.                      fulldistance += distance_perm(node1, node2)
298.                  elif attribute == "sec":
```

```python
299.                         fulldistance += distance_sec(node1, node2)
300.                     elif attribute == "scale":
301.                         fulldistance += distance_scale(node1, node2)
302.                     elif attribute == "trust":
303.                         fulldistance += distance_trust(node1, node2)
304.                     elif attribute == "central":
305.                         fulldistance += distance_central(node1, node2)
306.
307.             return round(1/len(smalest_comparable) * fulldistance, 4)
308.
309.
310.         ## K-MEANS SPEZIFISCH ##
311.         def generate_centroids(k: int):
312.             """
313.             Erstellt K zufällige Centroide. Der Zufallsrahmen ist auf den Bereich der von Ma-
    terial erreichbaren möglichen
314.             Merkmalsausprägungen beschränkt.
315.             :param k: Anzahl der zu generierenden Centroide
316.             :return: Liste von K zufällig generierten Centroiden
317.             """
318.             centroids = list()
319.             for i in range(k):
320.                 name = "c" + str(i + 1)
321.
322.                 anwend: str = ""
323.                 for i in range(random.randint(1, 2)):
324.                     anwend += str((random.randint(1, 5)))
325.
326.                 energy = random.uniform(0, 1)
327.                 fault = random.uniform(0, 1)
328.                 final = random.choice([0, 1])
329.                 flex = random.choice([0, 1])
330.                 proof = random.choice([1, 2, 3])
331.                 late = random.choice([1, 0.5, 0])
332.                 perf = random.choice([1, 0.75, 0.5, 0.25, 0])
333.                 perm = random.choice(["-1.00", "1.00", "0.00"])
334.                 sec = random.uniform(0, 1)
335.                 trust = random.choice([0, 1])
336.                 scale = random.choice([1, 0.75, 0.5, 0.25, 0])
337.                 central = random.choice([1, 0.5, 0])
338.
339.                 centroids.append(Algorithm(
340.                     name=name,
341.                     anwendungsbereich=anwend,
342.                     energie=energy,
343.                     fault=fault,
344.                     finality=final,
345.                     flextrust=flex,
346.                     proof=proof,
347.                     latenz=late,
348.                     performance=perf,
349.                     permissions=perm,
350.                     sicherheit=sec,
351.                     skalierbarkeit=scale,
352.                     vertrauen=trust,
353.                     zentralisierung=central
354.                 ))
355.
356.             return centroids
357.
358.
359.         def centroid_distances(algos: list, centroids: list):
360.             """
361.             Berechnet die Distanzen aller Algorithmen zu allen Centroiden.
362.             :param algos:
```

```
363.          :param centroids:
364.          :return: Eine Mehrdimensionale Liste aller Distanzen zwischen Algorith-
     men und Centroiden
365.          """
366.          distances: list = list()
367.          index = 0
368.          for c in centroids:
369.              distances.append(list())
370.              for a in algos:
371.                  distances[index].append(distance_two_nodes(a, c))
372.              index += 1
373.          return distances
374.
375.
376.      def cluster_assignment(distances: list, algos: list):
377.          """
378.          Weist alle Algorithm-Objekte entsprechend ihrer Distanzen zu den Centroiden (ge-
     wonnen über "centroid_distances")
379.          einem Cluster zu.
380.          :param distances:
381.          :param algos:
382.          :return: Eine mehrdimensionale Liste von Clustern, entsprechend ihrer Distan-
     zen zu den Centroiden.
383.          """
384.
385.          # Setzt Cluster Dimensionen, es gilt: Dimensionen == k
386.          cluster = list()
387.          for i in range(len(distances)):
388.              cluster.append(list())
389.
390.          for k, elem in enumerate(algos):
391.              smallest = 10   # Hohes Startlimit
392.              smallest_i = 0
393.              for ind in range(len(distances)):
394.                  if distances[ind][k] < smallest:
395.                      smallest = distances[ind][k]
396.                      smallest_i = ind
397.              cluster[smallest_i].append(algos[k])
398.
399.          return cluster
400.
401.
402.      def refine_centroids(cluster):
403.          """
404.          Generierung neuer Centroide. Centroide sindd über alle Merkmalsausprägungen ge-
     mittelte Merkmalsausprägungen,
405.          die in allen Algorithmen, die Teil des Clusters sind ausgeprägt sind.
406.          :param cluster: Liste aller Cluster
407.          :return: Liste neuer Centroide
408.          """
409.          new_centroids = list()
410.          for i in range(len(cluster)):
411.              anwend = list()
412.              anwend_elements = dict()
413.              # Initialisierung mit -1 als marker
414.              energy = fault = fi-
     nal = flex = proof = late = perf = perm = sec = scale = trust = central = -1
415.
416.              # Ermittlung der vergleichbaren Kategorien, kleiner gemeinsamer Nenner
417.              smalest_comparable = ["anwend", "energy", "fault", "fi-
     nal", "flex", "proof", "late", "perf", "perm", "sec",
418.                                    "scale",
419.                                    "trust", "central"]
420.              iteration_copy = smalest_comparable[:]
421.              for algo in cluster[i]:
```

```
422.                     for attribute in iteration_copy:
423.                         if attribute not in algo.comparable and attribute in smalest_compara-
       ble:
424.                             smalest_comparable.remove(attribute)
425.
426.                 # Additionen der Merkmalsausprägungen in gemeinsamen Kategorien
427.                 for ind, algo in enumerate(cluster[i]):
428.                     for attribute in smalest_comparable:
429.                         if attribute == "anwend":
430.                             for e in algo.anwend:
431.                                 anwend.append(e)
432.                         elif attribute == "energy":
433.                             energy += algo.energy
434.                             if ind == 0:
435.                                 energy += 1
436.                         elif attribute == "fault":
437.                             fault += algo.fault
438.                             if ind == 0:
439.                                 fault += 1
440.                         elif attribute == "final":
441.                             final += algo.final
442.                             if ind == 0:
443.                                 final += 1
444.                         elif attribute == "flex":
445.                             flex += algo.flex
446.                             if ind == 0:
447.                                 flex += 1
448.                         elif attribute == "proof":
449.                             proof += algo.proof
450.                             if ind == 0:
451.                                 proof += 1
452.                         elif attribute == "late":
453.                             late += algo.late
454.                             if ind == 0:
455.                                 late += 1
456.                         elif attribute == "perf":
457.                             perf += algo.perf
458.                             if ind == 0:
459.                                 perf += 1
460.                         elif attribute == "perm":
461.                             perm += algo.perm
462.                             if ind == 0:
463.                                 perm += 1
464.                         elif attribute == "sec":
465.                             sec += algo.sec
466.                             if ind == 0:
467.                                 sec += 1
468.                         elif attribute == "scale":
469.                             scale += algo.scale
470.                             if ind == 0:
471.                                 scale += 1
472.                         elif attribute == "trust":
473.                             trust += algo.trust
474.                             if ind == 0:
475.                                 trust += 1
476.                         elif attribute == "central":
477.                             central += algo.central
478.                             if ind == 0:
479.                                 central += 1
480.
481.                 # Suche nach häufigster Merkmalsausprägung der Kateogrie "Anwendungsbe-
       reich"
482.                 for ind, elem in enumerate(anwend):
483.                     if anwend_elements.get(elem) is None:
484.                         anwend_elements[elem] = 1
```

```
485.                    else:
486.                        anwend_elements[elem] += 1
487.
488.                if len(anwend) != 0:
489.                    if sum(anwend_elements.values()) == len(anwend_elements):
490.                        anwend = anwend_elements[random.choice(list(anwend_ele-
    ments.keys()))]
491.                    else:
492.                        anwend = max(anwend_elements, key=anwend_elements.get)
493.                else:
494.                    anwend = 0
495.
496.                # Durchschnittsbildung und Rundung
497.                divisor = len(cluster[i])
498.                if divisor > 0:
499.                    energy = round(energy / divisor, 2)
500.                    fault = round(fault / divisor, 2)
501.                    final = round(final / divisor, 2)
502.                    flex = round(flex / divisor, 2)
503.                    proof = round(proof / divisor, 2)
504.                    late = round(late / divisor, 2)
505.                    perf = round(perf / divisor, 2)
506.                    perm = round(perm / divisor, 2)
507.                    sec = round(sec / divisor, 2)
508.                    scale = round(scale / divisor, 2)
509.                    trust = round(trust / divisor, 2)
510.                    central = round(central / divisor, 2)
511.
512.                # Casting für Konstruktor der Algorithm Klasse
513.                perm = int(perm)
514.                if perm == -1 and len(cluster[i]) == 0:
515.                    perm = 9
516.                elif perm == -1:
517.                    perm = "-1.00"
518.                elif perm == 1:
519.                    perm = "1.00"
520.                elif perm == 0:
521.                    perm = "0.00"
522.
523.                # Werte < 0 entstehen nur für Felder, die für die Berechnung aufgrund man-
    gelnden Vorhandenseins in allen
524.                # Algorithmen des Clusters mit -1 belegt wurden. Durch setzen auf 9, wer-
    den diese felder bei einem erneuten
525.                # Vergleich weiterhin ignoriert.
526.
527.                if energy < 0:
528.                    energy = 9
529.                if fault < 0:
530.                    fault = 9
531.                if final < 0:
532.                    final = 9
533.                if flex < 0:
534.                    flex = 9
535.                if proof < 0:
536.                    proof = 9
537.                if late < 0:
538.                    late = 9
539.                if perf < 0:
540.                    perf = 9
541.                if sec < 0:
542.                    sec = 9
543.                if scale < 0:
544.                    scale = 9
545.                if trust < 0:
546.                    trust = 9
```

```
547.                    if central < 0:
548.                        central = 9
549.
550.                    # Objekterstellung
551.                    new_centroids.append(Algorithm(
552.                        name="c" + str(i + 1),
553.                        anwendungsbereich=[str(anwend)],
554.                        energie=energy,
555.                        fault=fault,
556.                        finality=final,
557.                        flextrust=flex,
558.                        proof=proof,
559.                        latenz=late,
560.                        performance=perf,
561.                        permissions=perm,
562.                        sicherheit=sec,
563.                        skalierbarkeit=scale,
564.                        vertrauen=trust,
565.                        zentralisierung=central
566.                    ))
567.            return new_centroids
568.
569.
570.        def quality_function(result):
571.            """
572.            Berechnet die Güte einer Gruppe von Clustern. Die Güte ist defi-
     niert als die Summe der durchschnittlichen
573.            quadrierten Abstände zwischen allen Knoten aller Cluster.
574.            :param result: Eine Menge an Clustern
575.            :return: Summe aller durchschnitte aller quadrierten internen Abstände al-
     ler Cluster
576.            """
577.            distances = list()
578.            for ind0, cluster in enumerate(result):
579.                distances.append(list())
580.                for combination in itertools.combinations(result[ind0], r=2):
581.                    distances[-1].append(1/len(cluster) * (distance_two_nodes(combina-
     tion[0], combination[1]))**2)
582.
583.            return sum(sum(x) for x in distances)
584.
585.
586.        def main():
587.            """
588.            Programmablauf:
589.            1. Datenimport aus CSV
590.            2. Comparable List erstellen
591.            3. K Means
592.                3.1 Generierung Zufälliger Centroide
593.                3.2 Distanzmessung zu Centroiden
594.                3.3 Zuordnung von Algorithmen zu Clustern
595.                3.4 Abbruchbedingung prüfen. ggf. wiederholen
596.            4. Presentation
597.            """
598.            algos = list()
599.
600.            # Build data struct from file
601.            with open("CSV.csv", "r") as file:
602.                reader = csv.reader(file, delimiter=";")
603.                for row in reader:
604.                    algos.append(Algorithm(
605.                        name=row[0],
606.                        anwendungsbereich=row[1],
607.                        energie=row[2],
608.                        fault=row[3],
```

```
609.                          finality=row[4],
610.                          flextrust=row[5],
611.                          proof=row[6],
612.                          latenz=row[7],
613.                          performance=row[8],
614.                          permissions=row[9],
615.                          sicherheit=row[10],
616.                          skalierbarkeit=row[11],
617.                          vertrauen=row[12],
618.                          zentralisierung=row[13]))
619.
620.          # Generate Comparison list for Data
621.          generate_comparable(algos)
622.
623.          ## Optional: Full Distancematrix
624.          # print(*all_distances(algos), sep="\n")
625.
626.          # K-Means
627.          backup_cluster = list()
628.          best_result = list()
629.          best_result_centroids = list()
630.          best_quality = 10
631.
632.          iterations = n
633.          while iterations > 0:
634.
635.              # Generate Centroids
636.              centroids = list()
637.              for i in generate_centroids(k):
638.                  centroids.append(i)
639.              generate_comparable(centroids)
640.
641.              iterator = 0
642.              while True:
643.                  iterator += 1
644.                  c_distance = centroid_distances(algos, centroids)
645.                  cluster = cluster_assignment(c_distance, algos)
646.                  centroids = refine_centroids(cluster)
647.                  generate_comparable(centroids)
648.
649.                  q_cluster = round(quality_function(cluster), 4)
650.                  if q_cluster < best_quality:
651.                      best_result = cluster
652.                      best_quality = q_cluster
653.                      best_result_centroids = centroids
654.                  if (q_cluster == round(quality_function(backup_clus-
    ter), 4) and len(backup_cluster) != 0) or iterator > 100:
655.                      backup_cluster = list()
656.                      iterations -= 1
657.                      break
658.
659.                  backup_cluster = cluster
660.
661.          # Presentation
662.          for index, cl in enumerate(best_result):
663.              print("c" + str(index + 1))
664.              for a in cl:
665.                  print(a.name)
666.              print()
667.          print("summer avg. suqared intra cluster distance:: " + str(best_qual-
    ity) + "\n")
668.          for indexcc, cc in enumerate(best_result_centroids):
669.              print("centroid " + cc.name)
670.              print("anwend " + str(cc.anwend))
671.              print("energy " + str(cc.energy))
```

```
672.            print("fault " + str(cc.fault))
673.            print("finalität " + str(cc.final))
674.            print("flextrust " + str(cc.flex))
675.            print("proof " + str(cc.proof))
676.            print("late " + str(cc.late))
677.            print("perf " + str(cc.perf))
678.            print("perm " + str(cc.perm))
679.            print("sec " + str(cc.sec))
680.            print("scale " + str(cc.scale))
681.            print("trust " + str(cc.trust))
682.            print("central " + str(cc.central))
683.            print()
684.
685.
686.    main()
```

Appendix F – Ergebnisse der Clusteranalyse

Distanzmatrix

	PoW	PoS	DPoS	PoA	PoC	PoET	RPCA	Stellar	BFT
PoW	0								
PoS	0.2718	0							
DPoS	0.5278	0.2612	0						
PoA	0.5	0.3645	0.385	0					
PoC	0.2388	0.2857	0.515	0.6775	0				
PoET	0.8125	0.5129	0.716	0.3538	0.918	0			
RPCA	0.8408	0.776	0.6038	0.4318	0.865	0.369	0		
Stellar	0.5	0.5283	0.5133	0.3333	0.584	0.25	0.321	0	
BFT	0.8146	0.7055	0.6111	0.5625	0.73	0.5	0.263	0.3929	0

Analyseergebnisse

k	2	3	4	5
n	10000	10000	10000	10000
c1	BFT RPCA PoET Stellar PoA	BFT RPCA PoET Stellar	BFT RPCA	BFT RPCA
c2	PoW PoC PoS DPoS	PoW PoC PoS	PoW PoC	PoW PoC
c3		PoA DPoS	PoA PoET Stellar	PoA
c4			PoS DPoS	PoS DPoS
c5				PoET Stellar

Lage der Centroide

	k=2		k=3			k=4				k=5				
	c1	c2	c1	c2	c3	c1	c2	c3	c4	c1	c2	c3	c4	c5
Anwendungsbereich	[1]	[1]	[1]	[1]	[1]	[1]	[1]	[1]	[1]	[1]	[1]	[1]	[1]	[1]
Energieverbrauch	1	0.33	1	0.22	0.83	1	0.17	1	0.5	1	0.17	1	0.5	1
Fault Tolerance	9	0.92	9	0.89	1	0.17	0.83	9	1	0.17	0.83	1	1	9
Finalität	9	9	9	9	9	1	9	9	9	1	9	0	9	9
Flexible Trust	9	9	9	9	9	1	9	9	9	1	9	9	9	9
Proofmechanismus	9	9	9	9	1	9	9	9	1	9	9	1	1	9
Latenz	9	0.38	9	0.17	0.75	1	0	9	0.75	1	0	0.5	0.8	9
Performance	0.55	9	0.69	9	0.12	0.88	9	0.33	0.25	0.88	9	0	0.3	0.5
Permissions	0	-1	0	-1	0	0	-1	0	-1	0	-1	0	-1	0
Sicherheit	9	9	9	9	9	0.17	9	9	9	0.17	9	0.33	9	9
Skalierbarkeit	9	0.62	9	0.5	1	0.12	0.38	9	0.88	0.12	0.38	1	0.9	9
Vertrauenserfordernis	9	9	9	9	9	1	0	9	9	1	0	1	9	9
Zentralisierungstendenz	9	9	9	0	9	0.75	0	9	9	0.75	0	0.5	9	9
Abdeckung	31%	46%	31%	54%	62%	92%	62%	31%	62%	92%	62%	92%	62%	31%
Durchschnittliche Abdeckung	0.3846		0.4872			0.6154				0.6769				
Steigerung abs.			0.1026			0.1282				0.0615				
Steigerung rel.			26.67%			26.32%				10.00%				

Ist ein Merkmal nicht ausgeprägt, dann wird es mit einem Dummy-Wert von 9 belegt. Da alle Merkmalsausprägungen im Wertebereich zwischen 0 und 1 normiert sind, kann der Dummy-Wert nicht durch eine echte Merkmalsausprägung erreicht werden.

Appendix G – Gegenüberstellung qualitativer Merkmalsausprägungen von Konsensalgorithmen eines Clusters

G.1 Cluster c1: {BFT, RPCA}

	BFT	RPCA
Anwendungsbereich	Smart Contracts und General Applications	Crypto Currency
Energieverbrauch	PBFT ist energiesparend. Hyperledger PBFT verbraucht bei 8 validierenden Nodes weniger Rechenleistung als Ethereum (PoW)	RPCA ist energiesparend.
Fault Tolerance	BFT Protokoll erlauben bei $3f+1$ Nodes f fehlerhafte Nodes. Bei 4 Nodes wäre dies ein fehlerhafter Node, was 25% entspricht. Mit steigender Nodezahl nährt sich die zulässige Fehlerquote Asymptotisch an 33.3% bzw. 1/3 an.	Fault Tolerance nur bis 20% der Knoten bzw. einem der 5 Validierungsserver.
Finalität	BFT bietet Finalität, Einträge können auch unter durch Rechenleistung nicht mehr geändert werden.	Nachdem das Ripple Netzwerk in der Vergangenheit einmal "geforkt" ist wurde es zentralisiert und ist nun theoretisch weiterhin nicht final, praktisch jedoch final.
Flexible Trust	Nodes wählen frei, welchen anderen Nodes sie vertrauen.	Jeder Node erstellt seine UNL selbst und kann dementsprechend selbst festlegen,
Latenz	Latenz abhängig von der Zahl der Nodes im Netzwerk und der Netzwerkumgebung (Lokal, WWW). Von einstelligen Sekunden zu knapp einer Minute.	Niedrige Latenzen von 3-6 Sekunden.
Performance	Je nach Netzwerkumfeld theoretisch mehr als 10k TX/s möglich. In der Regel zwischen 1000 und 10000 TX/s über das Internet. Damit ist die Performance besser als in allen anderen betrachteten Protokollen, z.B. PoA	Zwischen 1000 und 1500 TX/s
Permissions	BFT funktioniert nur, wenn die Identität der partizipierenden Nodes eindeutig Identifizierbar ist, daher nur in Permissioned Kontexten einsetzbar.	Gemischte Aussagen. Nicht 100% Permissionless, jedoch auch nicht Permissioned.

Sicherheit	PBFT ist Fälschungsanfällig (daher müssen Nodeidentitäten bekannt sein)	Sicherheit abhängig von Vertrauen in RPCA UNL Server. Single Point of Failure
Skalierbarkeit	Nodeskalierbarkeit aufgrund von Nachrichtengebundenem Konsensmechanismus stark limitiert. In der Größenordnung von 20 Nodes skalierbar.	Hohe Clientskalierbarkeit. **Keine** Node-Skalierbarkeit, seit der Zentralisierung nach Netzwerk Fork.
Vertrauenserfordernis	Ein Mindestmaß an Vertrauen muss zwischen den Knoten bestehen, daher auch Anwendung in Permissioned Kontext.	Ripple erfordert Vertrauen in die von Ripple bereitgestellte Infrastruktur.
Zentralisierungstendenz	Durch geringe Nodeanzahl ergibt die Annahme Sinn, dass Netzwerke mit BFT eher zentralisiert und nicht verteilt sind.	Ripple ist zentralisiert, da die validierenden Server der UNL von Ripple festgelegt sind und betrieben werden.

G.2 Cluster c2: {PoW, PoC}

	PoW	PoC
Anwendungsbereich	PoW wird sowohl für Transaktionssysteme als auch für Smart Contracts verwendet. Es ist sinnvoll anzunehmen, dass die Verfügbarkeit von Smart Contracts nicht von PoW abhängig ist.	Verwendung zur Nutzung ungenutzten Speichers.
Energieverbrauch	Energieverbrauch von PoW in allen Implementationen sehr hoch, höher als bei allen anderen Konsensalgorithmen. Bitcoin verbraucht mehr Energie als Ethereum. Das Bitcoin Netzwerk verbraucht Energie in der Größenordnung kleinerer Länder.	Der Betrieb von HDD's ist weniger stromintensiv als von CPUs, GPUs und spezialisierter Mining Hardware. Dennoch erzeugen Festplatten einen erhöhten Energieverbrauch. Werden die Festplatten nicht für die Speicherung von Daten verwendet, sondern wird lediglich ihr Speicherplatz geblockt kann dies als Ressourcenverschwendung angesehen werden.
Fault Tolerance	Bitcoin ist streng genommen bis zu 50% Netzwerkrechenleistung Fault Tolerant. Jedoch existieren Angriffsvektoren ab 25% der Rechenleistung. Ob diese Angriffsvektoren aus den jeweiligen Implementierungen hervor gehen ist nicht klar. Die Fault Toleranz wird daher mit >50% angenommen.	Bis zu 50% der Festplattenkapazität Fehler tolerant.
Latenz	Bis eine Transaktion im Netzwerk verteilt ist vergehen ca. 10 Sekunden. Bis eine Transaktion bestätigt ist vergehen 10 Minuten (Block Zeit). Bis eine Transaktion als bestätigt und "nicht mehr Änderbar" werden in der Regel 6 Blöcke benötigt.	In einer Implementierung mit 600 Sekunden beobachtet.
Permissions	PoW Blockchains sind Permissionless. Nodes können	PoC ist Permissionless
Skalierbarkeit	Proof of Work lässt sich sehr gut skalieren. Die Anzahl der Knoten in einem Proof of Work Netzwerk ist nicht begrenzt. Die Performance ist nicht von der Zahl der Nodes abhängig. Die Skalierbarkeit im Sinne der Performance ist nicht gegeben.	Skalierbarkeit ist stark eingeschränkt.
Vertrauenserfordernis	Proof of Work erlaubt Transaktionen zwischen Parteien, die sich gegenseitig nicht vertrauen.	Da das Netzwerk permissionless ist liegt die Annahme nahe, dass vertrauenslose Transaktionen möglich sind.

| Zentralisierungstendenz | Obwohl dezentralisiert gedacht zeigen Bitcoin und Ethereum sehr starke Zentralisierungstendenzen. Dies hat drei Ursache:

1. Reduzierung der Grenzkosten bei Vergrößerung der Operation
2. Pools reduzieren die Varianz des Block Minings
3. Die Blockchain Größe macht es unattraktiv Full Nodes zu betreiben.

PoW ist dezentral, neigt jedoch verstärkt dazu sich zu zentralisieren. | Ein Zentralisierungsrisiko durch Outsourcing von Speicherplatz an externe Provider besteht. |

G.3 Cluster c3: {PoA, PoET, Stellar}

	PoA	PoET	Stellar
Anwendungsbereich	Wird für Kryptowährungen eingesetzt.	General Applications	Smart Contracts und Exchange Network mit Crypto Currencies
Energieverbrauch	PoA weist einen ähnlichen Energieverbrauch wie PBFT auf, benötigt jedoch weniger Bandpreise.	PoET wird durch eine eigene Prozessoreinheit auf INTEL CPU's ermöglicht. Neben dem Betrieb eines Computers kommt es daher nicht zu weiterem Energieverbrauch, was PoET sehr energiesparend macht.	Energiesparend
Performance	Durch weniger Nachrichtenaustausch zwischen Nodes ist die Performance überdurchschnittlich. In der Parity Implementierung werden 45 TX/s erreicht.	1000 TX/s.	Schlechtere Performance als BFT, besser als PoW. In der Region von 1000 TX/s
Permissions	Theoretisch sowohl in Permissionless als auch Permissioned einsetzbar, da den Autoritären Nodes jedoch vertraut werden muss ist ein Einsatz im Permissionless Environment oftmals nicht sinnvoll.	PoET kann sowohl in Permissioned als auch Permissionless Szenarien eingesetzt werden, wenn auch die Implementierung in Permissionless Szenarien wenig sinnvoll erscheint.	Zwischen Permissioned und Permissionless

G.4 Cluster c4: {PoS, DPoS}

	PoS	DPoS
Anwendungsbereich	PoS kann für verschiedene Anwendungen eingesetzt werden.	Dezentralisierte Börsen.
Energieverbrauch	PoS ist Energiesparender als PoW, jedoch (abhängig von der Implementierung) nicht optimal energieeffizient.	DPoS ist energieeffizienter als PoW und PoS. Durch die geringen Energiekosten müssen Miner/Validitoren geringer für ihren Aufwand entlohnt werden.
Fault Tolerance	PoS ist Fault tolerant bis zu 50% des Stakes, der auf Nodes liegt, die online sind und an der Replikation/Validierung des Netzwerkes teilnehmen.	DPoS ist Fehlertolerant bis zu 50% der Voting power der Witnesses/Validitoren.
Proofmechanismus	Davon ausgehend, dass PoS eine Permissionless Struktur hat ist davon auszugehen, dass Proofs auf Basis von Hashes erstellt werden.	Davon ausgehend, dass DPoS permissionless ist, kann davon ausgegangen werden, dass Proofs durch Hashes generiert werden.
Latenz	Schnelle Latenzzeiten von unter 100 Sekunden.	Latenz besser oder vergleichbar mit PoS.
Performance	Transaktionsdurchsatz Unter 1000 TX/s. Eine Implementierung von PoS: Cardano zeigt lediglich 7 TX/s.	Performance besser als PoW und PoS, jedoch unter 1000 TX/s. Andere Quellen sprechen von Millionen von TX/s, was unglaubwürdig erscheint.
Permissions	PoS besitzt eine offene, permissionless Struktur.	DPoS ist permissionless.
Skalierbarkeit	PoS ist besser skalierbar als PoW	Unbegrenzte Skalierbarkeit.